Hermann Tardel

Untersuchungen zur mittelhochdeutschen Spielmannspoesie

1. Zum Orendel. 2. Zum Salman-Morolf

Hermann Tardel

Untersuchungen zur mittelhochdeutschen Spielmannspoesie
1. Zum Orendel. 2. Zum Salman-Morolf

ISBN/EAN: 9783744686426

Hergestellt in Europa, USA, Kanada, Australien, Japan

Cover: Foto ©Thomas Meinert / pixelio.de

Weitere Bücher finden Sie auf **www.hansebooks.com**

UNTERSUCHUNGEN

ZUR

MITTELHOCHDEUTSCHEN SPIELMANNSPOESIE.

1. ZUM ORENDEL.
2. ZUM SALMAN-MOROLF.

Inaugural-Dissertation

der

philosophischen Fakultät der Universität zu Rostock

zur

Erlangung der Doktorwürde

vorgelegt von

HERMANN TARDEL.

I. Zum Orendel.

Die Frage nach der Entwickelungsgeschichte des dem Orendel zu Grunde liegenden Stoffes hat bereits zur Aufstellung einer Reihe sehr entgegengesetzter Ansichten geführt. Die als „Heimkehrtheorie" zu bezeichnende Hypothese Müllenhoffs [1]) geht dahin, dass der Orendel eine selbständige, germanische Heimkehrsage mythischen Ursprungs enthalte, eine lediglich durch einen Analogieschluss von der Odysseussage auf die deutsche Sage erzielte Ansicht. Sie wurde auch von Beer [2]), Berger [3]) und Symons [4]) vertreten. Die Unhaltbarkeit dieser Theorie ist von Wilh. Müller [5]) und Fr. Vogt [6]) gezeigt worden, ersterer hat die mythologischen Behauptungen teilweise entkräftet, letzterer die angeblichen Reste der Heimkehrsage im mhd. Gedicht als irrtümliche erwiesen. Von Wilh. Müller rührt eine zweite als „historisch-allegorisch" zu bezeichnende Ansicht her, wonach Orendel als Repräsentant der christlichen Kreuzfahrer, Bride als Personification des heiligen Landes, die Vermählung beider als Einnahme Jerusalems aufzufassen ist. Diese sich mit Gedanken von J. von Görres [7]) berührende Meinung wird durch die Betrachtung widerlegt, dass sich in dem Gedichte nicht die geringste Spur allegorischer Darstellungsart findet. Allein aus einer Kritik des Spielmannsgedichtes hat Fr. Vogt eine germanische „Brautwerbungssage" auf mythischer Grundlage erschlossen, eine im Kern unzweifelhaft richtige Anschauung. Hierauf folgte die „legendarische" Theorie Heinzels [8]), wonach der Orendel auf einer (rein hypothetischen) Abart der Kreuzauffindungslegende beruht, die in der Fassung des mittelniederländischen Seghelyn und des Prologs einer noch ungedruckten afrz. Vengeance mit ihm verglichen wird. Diese Annahme ist von Vogt [9]) im Wesentlichen abgelehnt worden. Sie schreibt mit Unrecht den

---

[1]) Dtsch. Alterthumskunde I, 30. [2]) Beiträge XIII, 1 fg. vergl. ibid. XIV, 550 und z. f. d. Phil. XXIII, 493. [3]) Einleitung zur Ausg. des Orendel, Bonn 1888. [4]) Pauls Gr. II, 62. [5]) Myth. d. dtsch. Heldensage (1886) 244 und Myth. d. griech. und dtsch. Heldensage (1889) 147. [6]) Z. f. d. Phil. XXII, 469, cf. XXIII, 496. [7]) Orendel ed Berger (Nachtrag) p. 191. [8]) S. B. der Wiener Ak. Bd. 126 (1892) p. 1—90. [9]) Z. f. dtsch. Phil. XXVI, 411.

geistlichen Bestandteilen des Orendel vor den heroisch-epischen die Priorität zu und vermag die germanischen Sagenreste nicht zu erklären. Nachdem bereits Berger auf die Aehnlichkeit einiger Teile unserer Dichtung mit dem griechischen Abenteuerroman Apollonius von Tyrus hingewiesen hatte, hat sie E. H. Meyer[1]) auf den „Apollonius-Jourdain de Blaivies" zurückgeführt und in Anknüpfung an frühere Untersuchungen historische Parallelen mit Persönlichkeiten der Kreuzzüge gezogen, die m. E. mit Reserve aufzunehmen sind. Neuerdings ist von Laistner[2]) eine Ansicht ausgegangen, die ich als „Märchenhypothese" bezeichne; danach gehört der Orendel wie auch der Apollonius in die Gruppe des Eisenhans- (Gr. K. und H. M. 163) und Werweiss Märchens. Insofern hier der germanische Ursprung der Sage und das Vorhandensein volkstümlicher Tradition betont wird, ist der Untersuchung sicherlich zuzustimmen; auch werden für die nordische Ueberlieferung und für einzelne Motive der deutschen Dichtung zutreffende Nachweise gegeben. Aber für Teil III und V und besonders Teil IV des Orendel (s. u.) sind die Berührungspunkte mit den Märchen nur dürftig, da nur die Grundgedanken übereinstimmen. Ich komme daher im folgenden auf die mehr litterarische Beeinflussung durch den Apollonius-Jourdain zurück. Ich darf bemerken, dass meine Untersuchungen bereits vor dem Erscheinen der Arbeiten Meyers und Laistners vollendet waren und danach teils gekürzt, teils erweitert wurden.

Die nordische Ueberlieferung der Orendelsage in der Edda Skaldskarpamal cap. 17 und bei Saxo Grammaticus ed. Holder p. 85 berührt sich mit dem Spielmannsgedicht nur in unwesentlichen Punkten. Aber sie bietet eine von romanhaften und legendarischen Zusätzen freie Darstellung, in der Edda liegt ein Mythus vor; wir erhalten dadurch das Recht, in der Heldengestalt des germanischen Orendel den Ausgangspunkt für die weitere Entwickelung zu sehen, die uns im Spielmannsgedicht vorliegt.

Dieses lässt sich in folgende Abschnitte zerlegen: I. Einleitende Geschichte des grauen Rocks von Trier (1—154), II. Entschluss Orendels zur Brautfahrt (155—334), III. Schiffbruch des Helden und Aufnahme beim Fischer (335—785), IV. Weit ausgesponnene Kämpfe mit Sarazenen am Hofe Brides von Jerusalem und schliessliche Erwerbung ihrer Hand und ihres Landes (786—2150), V. Belohnung des Fischers (2151—2338), VI. Zug gegen Westval, Orendels Gefangennahme und Befreiung, Albans Entführungsversuch Brides (2339—2534), VII. Sieg

---

[1]) Z. f. d. A. Bd. 37, 321. [2]) ibid. 38, 113. Erwähnt sei auch die Ansicht von Carus Sterne, die germanische Oervandilsage als Quelle der Odyssee, Vossische Ztg. 3. Febr. 1889, Beilage.

über Elin und Durian (2535—2839), VIII. Zug nach Trier und Niederlegung des grauen Rockes, erweitert durch die Begegnung mit Stefan und Mersilian und Ises Rossfang (2840—3201), IX. Entführung Brides durch Daniel und Wolfhart zu Minolt und Befreiung durch Orendel und Ise (3202—3763), X. Wiedergewinnung des an die Heiden verlorenen heiligen Grabes durch Durians List (3764—3895). Die inhaltlich bedeutendsten Scenen sind die Teile III—V und IX.¹)

Was die Charaktere der Hauptpersonen betrifft, so erscheint Orendel einerseits als gewaltiger Kriegsheld, dessen Gestalt und Auftreten in einigen heroisch-epischen Zügen dargestellt wird, die wir selbst bei den Helden des Nibelungenliedes nicht finden (s. Berger zu v. 1134), andererseits tritt er nicht bloss als frommer Christ und Asket auf, sondern er bedarf sogar trotz seiner Heldennatur der göttlichen Hülfe im Kampf gegen seine Gegner. Im Allgemeinen können wir annehmen, dass die alles überwuchernde geistliche Ausschmückung Zuthat letzter Hand ist, wie ja eine solche Tendenz auch sonst in der Spielmannspoesie erkennbar ist, man vergleiche die markvollere und lebendigere Charakteristik des Osangtrix in der Tkidreksage cap. 21 und die abgeschwächte des Rother in dem gleichnamigen Gedicht²). Dieselbe Mischung heroisch-epischer und spezifisch-geistlicher Züge zeigt Bride, sie ist Heroine und Betschwester zugleich.

Alles was wir über Ises Charakter erfahren, lässt sich zwanglos in zwei Gruppen teilen. Anfangs erscheint er durchaus in der Lebensstellung eines Fischers, eines klugen, in seinem Gewerbe erfahrenen und wohlhabenden Mannes, wie er denn typisch *ein fischer hêr* (auch *rîch*) *und wîse* genannt wird. Von seiner Behausung heisst es v. 588 *si kêrten gegen der klûsen gegen des selben fischers hûse* (vergl. 628) und gleich darauf wird von der siebentürmigen Burg Ises gesprochen. Heinzel hat gegen Berger und Vogt p. 21 hervorgehoben, dass zwischen beiden Angaben kein schroffer Widerspruch besteht; ich möchte dem auch deshalb zustimmen, weil sich der Reim *clûse-hûse* als typisch erweisen lässt, wodurch der Gegensatz in den Ausdrücken *clûse* und *burg* gemindert wird, und weil in einigen der anzuführenden Belege das Wort Klause thatsächlich von einer Burg gebraucht wird. Ausser der von Heinzel angeführten Stelle aus

---

¹) Der Name Bride kommt als der einer Bäuerin in den Liedern Neidharts von Reuenthal (ed Haupt 42,12) und in der Form Pride bei Konrad von Kilchberg (Hagen, M. S. I, 25 Str. 17) vor. Der Name Westvâl begegnet auch Wolfdietrich D IX, 141.
²) Bührig, die Sage von König Rother, Göttinger Diss. 1889 p. 4 fg.

Pleiers Meleranz 4533 ist zu erwähnen: Wolfdietrich D VII, 72 *sus brâhte sie ze hûse den snellen swertdegen | zuo der vesten clûsen* d. i. Marsilians Burg, Gudrun 427,a *swie halt wir gerungen mit den von dem hûse, die junge küniginne kaeme nimmer zuo ir Vater clûse* (da der Reim formelhaft ist, braucht man die Bezeichnung clûse nicht gerade als scherzhafte Wendung aufzufassen, wie Martin in seiner Ausgabe meint); Kaiserchronik ed. Diemer 359,9 *do rûmten si die clûse | und gingen von dem hûse.* — Altes Passional p. 203 v. 22 *si wurden al gemeinlîch blint, die sich erbuten an daz hûs. sus bleib des guoten mannes clûs* etc. und Pfeiffers Marienlegenden No. 5 v. 79 *und truc ez heim mit ir ze hûs, si gienc vil heimlîch in ir clûs.* Als Ise an Brides Hof kommt, heisst es von ihm *und ein ruoder truog er in der hant* v. 2271 (cf. 2994); es sei dahingestellt, ob diese Angabe eine Reminiscenz an die Schilderung enthält, die der Engel der Gudrun beim Herannahen des Befreiungsheeres von Wate giebt: *der hât an sîner hant ein starkes stierruoder in einem kiel bî Fruoten* (Gudrun 1183) In dieser Eigenschaft als Fischer rettet Ise den schiffbrüchigen Orendel. Mit der Scene aber, in der Bride zu ihm sagt: ir sollent ûf geben ruoder und garn (v. 2279), tritt er in eine höhere sociale Sphäre. Er wird Ritter und Herzog des heiligen Grabes, nimmt an allen Heerzügen Teil und erscheint als steter und treuer Anhänger Orendels und Brides, er wird jetzt als *ein herzog rîch und wîse*, sogar *Ise der schoene wigant, der schoene meister Ise* bezeichnet. Nur einmal bei der Fahrt von Jerusalem nach Trier (VIII) greift der Spielmann auf Ises früheres Gewerbe zurück und verwendet seine Erfahrung in maritimen Dingen (v. 2889). An zwei Stellen des Gedichts (v. 2273 und 2999) wird von Ises Gestalt gesagt *dô was der selbe degen gemeit zwischen sînen brôgen zweier spannen breit.* Eine entsprechende Schilderung findet sich häufig im afrz. Volksepos sowohl von Riesen wie von sarazenischen Rittern, die man sich möglichst grotesk vorstellte, seltener von christlichen Kämpfern und von Zwergen, vergl. Huon de Bordeaux p. 188, *Entre sorciex un grant pié mesuré* (vom Riesen Agrapart), ibid. p. 147 *Demi piet ot entre l'uel et le nes* (vom Riesen Orgueilleux), Otheviens v. 1722 *demie pie ot entre II eus* (vom Sultan), ibid. v. 1859 *plaine paume out entre II eus* (von einem Zwerg), Chanson de Roland v. 1217 *Entre les oilz mult out large le frunt, grant demi pied mesurer i poet hum* (vom Sarazenen Falsarun) Coronemens Looys v. 501 *entre II eulz ot de lé demi pié* (vom Riesen Corsolt), Bataille d'Alischans v. 370 *demi pié ot entre les elz del front* (vom Sarazenen Haucebier), ibid. *Entre II els pleine paume d'entrée* (von Guillaume d'Orange). Diese

Parallelstellen stützen die Auffassung, dass dem Fischer Ise ursprünglich ein riesenhafter Charakter zukommt, woraus freilich nicht folgt, dass er ein germanischer Riese im Sinn der Mythologie ist. Ise hat eine gewisse Aehnlichkeit mit dem Wate des Gudrunliedes. Beide sind kühne und kundige Seefahrer, ausserdem muthige Recken im Dienste ihrer Herren, auch Wate mit dem ellenbreiten Bart und der Kraft von 26 Mannen hat einen Zug ins Gigantische wie Ise. Beide sind vom Dichter mit komischen Zügen ausstaffiert, Ise in stärkerem Maasse als Wate; insofern Ise sich anfangs als Kleinbürger tölpelhaft und filzig benimmt, weicht er von dem weit vornehmeren Wate ab. — Heinzel hat behauptet, dass Ise ursprünglich eine höhere Lebensstellung als die eines Fischers inne gehabt hätte. Allein es liegt kein Grund vor, die natürliche Folge des Gedichtes, wonach Ise Fischer ist und Herzog wird, umzukehren. Die weiterhin zu erörternden Erzählungen aus dem Apollonius-Jourdain, Aiol und Beaudouin de Sebourg kennen nur den Gang von der niederen Stellung zur höheren. Der Herzog Achill kann für Ise nicht allzu viel beweisen. Ebensowenig können die hohen Verwandtschaften Ises herangezogen werden, man erfährt von ihnen erst durch die typischen Erkennungsscenen der Spielmannspoesie. Ise erkennt nämlich auf der Seefahrt in den anfangs für Sarazenen gehaltenen Führern einer Flotte seine Söhne, die Herzöge Mersilian und Stefan (v. 2909 fg.) und beim Empfang auf Minolts Burg erkennt er plötzlich in Achill seinen Oheim (v. 3486 fg.). Aehnlich erkennt der Zwerg Madelgêr in Morolf sofort nach dessen Landung seinen Oheim (S. M. Str. 733), in der Gudrun (Str. 414) erkennt der Kämmerer der Hilde unerwartet in Horant und Morung seine Verwandten. Mit dem Rossfang Ises (Teil VIII) stimmt noch eine entsprechende Scene des Segbelÿn (Heinzel p. 34,53) am meisten überein, weiter ab liegen die Scenen des Rossraubes im Otheviens p. 100 fg. und im Elie de Saint-Gilles p. 375 fg.

Ich wende mich zur Entwicklung der Sage. Aus der Odyssee kommen drei Scenen in Frage (Od. V u. VI). a) Odysseus erleidet nach der Trennung von Kalypso an der phäakischen Küste Schiffbruch, rettet sich auf einem Balken ans Land und verbirgt sich im Laub. b) Nausikaa, Tochter des Königs Alkinous, spielt in der Nähe des Verstecks mit ihren Mägden Ball, Odysseus, dadurch geweckt, nähert sich ihr, erbittet und erhält ein Gewand sowie Speise und Trank. c) Er begleitet darauf Nausikaa in den Palast des Königs, der ihn freundlich empfängt, und dem er seine Erlebnisse erzählt. Der Apolloniusroman (ed. Riese, 2. Aufl. 1893) übernimmt den Schiffbruch, verändert aber die beiden folgenden Scenen. Nicht die Königstochter, sondern ein Fischer nimmt den schiffbrüchigen Apollonius auf und beschenkt ihn mit der Hälfte seines Rockes. Durch die Einführung des Fischers wird das Zusammentreffen des Helden mit der Königstochter und dem König verschoben. Der Fischer weist ihn in die nahe Stadt, und hier trifft er den König des Landes Archistrates (wie Odysseus Nausikaa) beim Ballspiel, in dem sich der Ankömmling sogleich auszeichnet; erst beim Mahl, zu dem ihn der König hinzuzieht, erblickt er die Königstochter. Dass diese ihn der Nausikaa entsprechend mit Kleider versieht, wird im Roman nicht bemerkt, aber an ihrer Stelle thut es der König. Es liegt also eine doppelte Spende vor, seitens des Fischers und des Königs, die erstere ist einfach, die letztere kostbar. Nun fügt der Roman eine völlig selbständige Liebesgeschichte zwischen Apollonius und der Tochter des Archistrates hinzu, die mit einer Vermählung endet (die Hauptmotive dieses Abschnittes finden sich auch in den Märchen Laistners), sodann lässt er in ausführlicher, abwechselungsreicher Schilderung eine Trennung und schliessliche Wiedervereinigung der Gatten folgen. Das altfranzösische Epos Jourdains de Blaivies (ed. K. Hofmann 1882) übernimmt den Schiffbruch und die Rettung des Helden, die Aufnahme beim Fischer und die Mantelspende durch diesen. Der Held trifft dann den König Marques beim Schirmfechten, wodurch das Ballspiel ersetzt wird, und erblickt schon hier die Königstochter Oriabel. Auch Jourdain wird zur Tafel geladen und hier, wie Odysseus von Nausikaa, von der Oriabel mit kostbaren Gewändern bekleidet. Die französische Dichtung ahmt auch die Vermählung nach, aber in sehr freier Weise, ebenso die Trennung und Vereinigung der Gatten. Der Orendel schliesslich weist Schiffbruch, Rettung, Mantelspende durch den Fischer auf und fügt die Erwerbung des legendarischen grauen Rockes Christi hinzu; eine nochmalige Beschenkung durch Bride erfolgt nicht, da Orendel als Träger des grauen Rockes keine prachtvollen Gewänder erhalten darf. Die Rolle des Alkinoos-Archistrates-Marques lässt der Orendel gänzlich fallen, dafür erscheint Bride als Herrscherin des Landes. Die Vermählungsgeschichte wird mit Erweiterungen durchgeführt, die Trennung und Wiedervereinigung der beiden Gatten nur in knappen Umrissen nachgeahmt. E. H. Meyer hat angenommen, dass der Orendel sowohl Motive des Apollonius wie des Jourdain benutzt, und an verschiedenen Stellen hervorgehoben, dass der Apollonius dem Orendel näher steht als der Jourdain Es wird sich aber ergeben, dass für Teil III—V, worauf es hauptsächlich ankommt, der Orendel im allgemeinen mehr mit dem Jourdain als mit dem Apollonius übereinstimmt.

Zu Teil III bemerke ich Folgendes. Die Veranlassung zur Seefahrt ist in allen drei Fassungen verschieden (Or.—Brautfahrt, Apoll.—Jourd. — Flucht vor Nachstellungen, die aus verschiedenen Ursachen hervorgehen). In dem Schiffbruch rettet sich Apollonius *beneficio tabulae* ans Land. Jourdain wird zunächst auf hoher See von einer Sarazenenflotte angegriffen und gefangen genommen; er springt ins Meer und rettet sich im Sturm an einem *fust grant, pelez de sap.* Orendel besteht auf der Fahrt einen siegreichen Kampf mit der Flotte des Heidenkönigs Belian, während des Sturmes gelangt er an einem *dil* ans Land. Hinsichtlich des Kampfes mit der Sarazenenflotte stimmen Jourdain und Orendel näher überein, hinsichtlich des Schiffbruchs Apollonius und Orendel. In ihrer hülflosen Lage beklagen alle drei am Gestade den Untergang der Gefährten, J. und O. beten zu Gott um Rettung. Während der A. den Fischer am Gestade trifft, berühren sich J. und O. darin, dass beide den Fischer in einem kleinen Boot (*batel-galine*) vorüberfahren sehen. Der Fischer des A. ist sofort hülfsbereit, der des J. anfangs unfreundlich, da er den Schiffbrüchigen für ein *fantosmes* hält, Ise ist mistrauisch, da er O. für einen Räuber hält. Die Nacktheit des Helden wird im A. nur angedeutet, im J. v. 1326 angeführt, hier wird der Held auch noch nach der Mantelspende als *desnué, nus* (v. 1397, 1442, 1471 etc.) d. h. bloss, wenig bekleidet bezeichnet, wie auch O. noch v. 667 als *nacket* bezeichnet wird. A. und J. erhalten von dem Fischer die Hälfte seines Gewandes, O. empfängt von Ise und seiner Frau, ausser einer Hose und zwei Schuhen, auch einen Schiffersmantel (v. 664). Ises Frau findet im A. noch keine Vorstufe, doch hat der J. eine Anspielung, indem bemerkt wird, dass der Fischer bei seiner Rückkehr weder Frau noch Kinder vorfindet (v. 1374). Der O. hat zwei Motive, welche dem Apoll.-Jourd. fremd sind, aber in der Odyssee vorkommen, die Schambedeckung des Helden und sein Versteck im Sand. Diese Abweichungen hat Berger durch die Annahme einer vollständigeren Fassung des A., Heinzel durch litterarische Entlehnung aus der Odyssee zu erklären versucht. Es sei bemerkt, dass die angeführten Motive im einzelnen nicht ganz mit der Odyssee stimmen. Orendel gräbt sich ein Loch in den Sand und liegt hier drei Tage (v. 500), Odysseus bereitet sich aus aufgehäuftem Laub ein Lager und entschlummert; Odysseus will sich dadurch vor Frost und Wind schützen, aber trotzdem fürchtet er, ein Opfer der wilden Tiere zu werden (V, 473), Orendel aber thut dies *daz in daz gefügel nit ûf dem felde fresse* (v. 505); Odysseus bedeckt die Blösse mit einem Zweig (πτόρθος·*surculus*, VI, 128), Orendel mit einem Blatt (*loup*), das er von einem

Strauch abbricht (v. 549). Diese Abweichungen erklären sich vielleicht aus Anschauungen, die dem Mittelalter näher lagen, so ist bei der Schambedeckung wahrscheinlich an Genesis III, 7 zu denken, wo es von Adam und Eva heisst: *consuerant folia ficus*. Sollte bei den Vögeln, die Orendel fürchtet, an die Greifen des Herzogs Ernst (ed. Bartsch p. XC) zu denken sein, die die Mannen in ihr Nest tragen und vor denen diese sich durch Einnähen in Häute schützen? — Nach der gastfreundlichen Aufnahme zeigt der Fischer dem Helden im A. und J. den Weg in die benachbarte Stadt, im J. orientiert er ihn auch über den König des Landes und seine Tochter Oriabel. Diese Führerrolle ist abweichend auf Ise nicht übertragen worden. Orendel nimmt, entschlossen zum heiligen Grabe zu gelangen, selbst von ihm Abschied und trifft vor Brides Palast mit einem Ritter zusammen, der ihn über die Tempelherrn und die Königin des Landes unterrichtet. Diese Darstellung kann aus A. nicht ausreichend erklärt werden, wo der Held einen Knaben durch die Strassen eilen sieht, der Einheimische und Fremde zum Besuch des Gymnasiums auffordert. Aehnlicher ist die Begegnung Rothers mit einem namenlosen Ritter (v. 3700 fg.), der ihm über die bevorstehende Vermählung seiner entführten Frau Auskunft giebt, sowie die Erzählung des Beuves de Hanstone, in der der Held auf freiem Feld einem Ritter begegnet, der ihm die vollzogene Vermählung der Josiane und des Inor mitteilt und ihm den Weg in dessen Land weist (s. Ellis, Metrical Romances II, 130).

Ich schliesse hieran sogleich die Betrachtung von Teil V des Orendel (Belohnung des Fischers). Das Versprechen, welches A. dem Fischer gegeben hatte, dass er dereinst im Glück seiner gedenken werde (cap. 12), wird von ihm bei seiner Vermählung mit der Tochter des Archistrates (cap. 23) noch nicht erfüllt. Erst am Schlusse des Romans, als er die ihm entführte Gattin und Tochter wiedergefunden hat und in sein Land zurückgekehrt ist, begiebt er sich wieder in die Pentapolis, erblickt den Fischer am Strande und belohnt ihn mit 200 Sestertien, mit Sklaven, Mägden und Kleidern, ausserdem macht er ihn zu seinem *comes* (cap. LI). Abweichend vom Apoll. berichten J. und O. die Belohnung des Fischers sofort nach der Vermählung. Jourd. beschenkt den Fischer mit zehn Rossen, zehn Mänteln und ebenso vielen Pelzen und macht ihn zum *prévost* des Landes (v. 2065 fg.). Ise empfängt von Orendel einen Zobelmantel für seine Frau, von Bride einen Schild voll Gold, er wird zum Ritter geschlagen und erhält die Herzogswürde. Der *prévost* und der *herzog* können sehr wohl aus dem *comes* des A. hervorgegangen sein, Belohnung durch Gold hat nur A. und O., durch Kleider nur J. und O., ersterer hat auch noch eine Schenkung von Rossen; die Knaben und Mägde des Apoll. werden als Gegenstände der Belohnung erklärlicherweise von den mittelalterlichen Dichtern nicht herübergenommen. Indes darf auf die Einzelheiten der Schenkung nicht zuviel Gewicht gelegt werden. Dass der J. und O. gleichmässig diese Situation des Apollonius umstellen, halte ich für ziemlich wichtig für die Bestimmung des Abhängigkeitsverhältnisses der drei Versionen. E. H. Meyer hat (p. 339) behauptet, dass der Orendel dem Apoll. auch deshalb näher stehe als dem Jourdain, weil Orendel am Schlusse des Gedichtes Ise und den Herzog Achill zu seinen Gefährten mache, wie Apollonius den Fischer und den Hellenicus zu seinen *comites*. Hiergegen ist zu bemerken, dass eine förmliche Ernennung des Achill zu jener Würde überhaupt nicht erfolgt, es wird nur bemerkt, dass er und Ise mit O. und Bride zugleich sterben. Was Ise betrifft, so ist er schon seit seinem Ritterschlag immer der Gefährte des Helden, natürlich deshalb, weil, was Meyer übersieht, die dem Apoll. entsprechende Belohnung schon früher stattgefunden hat. Ich glaube daher, dass Teil V des Or. unter der grösseren Einwirkung des Jourdains als unter derjenigen des Apollonius steht, in bescheidenerem Masse lässt sich dasselbe von Teil III behaupten.

Zu Teil III und V sind noch andere verwandte Stoffe heranzuziehen. Einen weiten Raum nimmt im Or. die Dienstbarkeit des schiffbrüchigen Helden bei Ise ein. Der Apoll. enthält schon eine Andeutung des Motivs, beim Abschied sagt der Fischer zu dem unglücklichen Helden, der in der Stadt sein Glück machen will: *si non inveneris (sc. qui tibi misereatur), huc revertere et mecum laborabis et piscaberis* (cap. 12). J. bietet nichts Analoges. Deshalb wird auch die Faustinianlegende, die Schiffbruch und darauf folgende Knechtsdienste des Helden verbindet, für den Or. von Bedeutung. Sie ist überliefert in einem Abschnitt der Kaiserchronik, der auf die Clementinischen Recognitiones zurückgeht, diese wiederum entlehnen ihre Stoffe dem griechischen Abenteuerroman, derselben Quelle, der auch der Jourdain entspringt. Am wichtigsten ist der dritte Schiffbruch, der Faustinians selbst. Dieser rettet sich an einem Brett, steht ohne Kleidung am Gestade und ruft einen vorbeifahrenden Eseler an, dem er sich als Kaufmann ausgiebt, dessen Schiffe untergegangen sind (O. giebt sich Ise als Fischer aus, dessen Netze im Meer versunken sind). Nach der Beschenkung mit einem Rock bietet Faust. geflochtene Reiser feil und dreht Mühlsteine. Ohne eigentlichen Schiffbruch findet sich Aufnahme bei einem Fischer und Dienstbarkeit in der Crescentialegende (Kaiserchronik p. 364$_{10}$ fg.), hier wird wie im Or. eine Frau des Fischers erwähnt, der die hülflose Crescentia übergeben wird. Durch die Faustinianlegende kommen wir dem Or. schon recht nahe, namentlich durch die Notlüge von dem angeblichen Stand des Helden. Dass Orendel sich gerade als Fischer ausgiebt, lässt sich, abgesehen von der Anspielung des Apoll., daraus erklären, dass er mittelst eines Fischzuges den grauen Rock erwerben sollte. Das griechische Apolloniusmärchen (Hahn, Neugriechische und albanesische Märchen Nr. 50) hat dem Motiv der Dienstbarkeit bereits eine etwas andere Wendung gegeben. Der mildthätige Fischer nimmt den unglücklichen Prinzen an Sohnes statt auf, und dieser soll ihm beim Fischen helfen. Aehnlich modificierte Analoga, in denen der in armseliger Lage befindliche, nicht schiffbrüchige Held bei einem Fischer erzogen wird und nun die Beschäftigung seines Ziehvaters übernimmt, sind für den Or. nicht mehr verwendbar. So der Beuves de Hanstone, wo Josianens Kind von einem Fischer gerettet und erzogen wird (Ellis, Metr. Rom. II, 155); der Aiol, in dem die Söhne Aiols und Mirabels in die Rhone geworfen und vom Fischer Tierry vor dem Tod bewahrt werden, der sie seiner Frau Aie de Montoire zur Erziehung übergiebt; die Gregoriuslegende, in der der Held in einer Barke ausgesetzt und von zwei Klosterfischern geborgen wird, deren einer eine Frau hat; auch im Seghelÿn übernimmt ein Fischer und dessen Frau die Erziehung des späteren Helden, der vor den Nachstellungen seines Vaters geschützt werden soll, und daher fischt er mit dem Ziehvater. Im Guillaume de Palerne wird der Held zu einem Hirten gebracht und in dessen Thätigkeit geübt. — Im Or. hat die Aufnahme des Ankömmlings bei Ise durch die Einführung der Frau des Fischers eine weitere Ausschmückung erfahren. Man sieht aus dem Vorhergehenden, dass, von der Anspielung des Jourd. abgesehen, auch in der Crescentialegende, im Aiol, Gregorius und Seghelÿn dem Fischer eine Frau zuerteilt ist, nur spielt sie hier eine untergeordnete Rolle.

Auch ohne dass es sich um einen Schiffbruch und einen Fischer handelt, findet sich das Motiv, dass ein ursprünglich hochgestellter, in Not geratener Mann von einem niedrig stehenden aufgenommen wird und später den letzteren belohnt. Mit dem zerlumpten, unstät umherwandernden Aiol hat Gautier de St. Denise Mitleid und will ihn mit Rock und Mantel ausstatten. Aber seine Frau nennt den Fremden einen *ribaus*, der einen neu gefütterten Mantel nicht verdiene, da er wohl seine ganze Ausrüstung, auch sein Pferd, gestohlen habe (v. 1226 fg.). Gautier giebt seiner Frau anfangs nach, aber am folgenden Morgen verabfolgt er dem Gast wenigstens Hemd und Hosen und giebt ihm zuletzt einen Ring. Hier haben wir neben dem wohlthätigen Wirt auch den Typus der gegen den Fremdling misstrauischen Frau. Auch Ises Frau hält Or. beim ersten Anblick für einen Räuber und Dieb, der wohl einer Raubgaline entronnen sei (v. 610 cf. 523). Als Aiol zu Glück und Ehren gekommen ist, sendet er Gautier durch einen Boten 100 Mark, ein Ross und einen mit Hermelin besetzten Mantel als Belohnung. Der Aiol kennt noch eine ähnliche Episode. Der Wirt zu Roimorentin, Hunbaut, hat Aiol nebst Gefolge gut aufgenommen (s. v. 7129 fg., bes. 7426) und erhält dafür 100 Denare, für seine Frau einen kostbaren Mantel, sein Sohn wird in aller Form der colée zum Ritter geschlagen und mit einem Ross beschenkt. Die besondere Beschenkung der Frau mit einem Mantel und die Erteilung der Ritterwürde nähern sich der Darstellung des Or. hinsichtlich Ises und seiner Frau. Ein anderes Analogon hat Heinzel (p. 18, 38, 84) in einer Episode des Baudouin de Sebourg gefunden. Ein Schuster der Stadt Baudas giebt dem (nicht schiffbrüchigen) Helden in dürftiger Lage Schuhe und einen grauen Rock und wird später von dem dankbaren Baudouin zum König von Baudas gemacht, als welcher er die Aufsicht über die Reliquien der heiligen Lanze und der drei Nägel Christi erhält. Hiermit lässt sich nur vergleichen, dass Orendel von Ise zwei *rinderin schuohe* (auch sonst belegt, s. Berger zu v. 930) und einen *scheffersmantel* v. 661 empfängt und Ise nachher zum Herzog des heiligen Grabes ernannt wird. In dieser Würde soll ihm die Bewachung von Christi *kriuz und ouch krône* v. 2873 (dies ist eine typische Wendung s. Berger zu diesem Vers und Jaenicke, D. H. B. IV, 334) anvertraut werden, er lehnt sie aber ab; die drei Nägel und die heilige Lanze kommen erst v. 3782 ff. in anderem Zusammenhang vor. Die Uebereinstimmung des Orend. und Baudouin hat Heinzel für so bedeutend gehalten, dass er die Existenz einer „historischen Anekdote" dieses Inhalts angenommen hat, die sich an die Person eines Königs von Jerusalem angeschlossen hätte und auf Or. übertragen wäre. Im allgemeinen stehen aber doch die Scenen des Apoll.-Jourd. und des Aiol dem Orend. näher als die des Baudouin; worin sich der letztere mit dem Or. berührt und von den übrigen Erzählungen entfernt, das ist die beiderseitige Rücksichtnahme auf die Reliquien Christi. Da die Abfassung des Baudouin nach der Hist. litt. XXV, 592 und G. Paris, La litt. franç. au moy.-âge, [2] p. 50 in den Anfang des 14. Jahrhunderts gesetzt wird, so kann sie der Orendel nicht direkt entlehnt haben, und dass die angezogene Partie auf alter geschichtlicher Tradition beruhe, ist jedenfalls nicht nachgewiesen. Wenn nun auch eine bezügliche Anekdote nicht ausreichend beglaubigt ist, so ist doch sicher, dass die Episode des Baudouin in den Kreis der hier betrachteten Situationen gehört. Wenn man die Gegenstände der Beschenkung und die der späteren Belohnung in den angeführten Erzählungen mit einander vergleicht, so zeigt sich die grösste Mannigfaltigkeit der Motive. Diese Einzelheiten waren in der Hand der Spielleute zu sehr dem Schwanken und der Veränderung ausgesetzt.

Bezeichnend ist in allen diesen Ueberlieferungen die Standeserhöhung des wohlthätigen Kleinbürgers: Die Aufnahme in den Hofstaat (Apoll.), Ritterschlag und Herzogtum Ises, Prévostwürde (Jourd.), das Rittertum von Hunbauts Sohn (Aiol) und das Königstum (Baud. de Sebourg.). Der Ritterschlag eines Bürgerlichen (Orend., Aiol) ist auch sonst ein beliebtes Thema des franz. Volksepos. Im Guillaume d'Angleterre (p. 171) werden zwei Bürgerssöhne, im Coronemens Looys (v. 1630) ein Thürsteher zu Rittern gemacht. Im Otheviens soll der bäurische Climens die Ritterwürde erhalten, er weigert sich aber (v. 2954) und wird trotzdem später zum *sire* ernannt (v. 4351). Im Oswald wird zwar ein Schiffsknecht für Ueberbringung einer guten Nachricht zum Ritter gemacht (v. 1857), aber von einem richtigen Ritterschlage ist nicht die Rede, und der Orendel scheint wirklich die einzige deutsche Dichtung jener Zeit zu sein, die diese Ceremonie, wenn auch in parodierter Form, aufweist. Da nun die colée zur Zeit der Abfassung unseres Gedichtes in Deutschland noch unbekannt war oder wenigstens noch nicht nachgewiesen ist (s. Vogt, a. a. O. XXII, 484, XXVI, 407), so kann dies als ein Grund mehr angesehen werden, hier litterarischen Einfluss der franz. Volksdichtung anzunehmen. Denn hier ist die Formalität schon im 12. Jahrhundert ausgebildet, und dass sie auch bei Leuten nichtritterlichen Standes erfolgte, zeigen die angeführten Beispiele. Allerdings hatte der deutsche Spielmann keine genaue Kenntnis der Ceremonie und brauchte sich bei einer burlesken Schilderung des Vorgangs nicht streng an die Wirklichkeit zu halten. Wenn Ise sich selbst das Schwert umgürtet, so entspricht dies nicht dem franz. Ceremoniell, wo meistens der den Ritterschlag Erteilende, selten andere Ritter, dem Novizen das Schwert umgürten (s. Treis, Die Formalitäten des Ritterschlages in der altfranzösichen Epik, Berliner Diss. 1887, p. 83). — Bemerkt sei noch, dass im Jourd. der Fischer nach seiner Standeserhöhung seine Rolle ausgespielt hat, während Ise thatsächlich als Vertreter des Standes, dessen Würde ihm zu Teil geworden ist, im weiteren Verlauf der Dichtung erscheint.

Somit ist für Teil III und V des Or. Einfluss des griechischen Romans von Apollonius, überwiegend in der Form des franz. Jourd. erwiesen; für die Dienstbarkeit und die Notlüge des Helden konnte die Faustinianlegende, ebenfalls ein Zweig des griechischen Romans, für die Einzelheiten der Aufnahme beim Fischer und der Belohnung der Aiol und andere

Erzählungen herangezogen werden. Da sich aus der germanischen Sage Parallelen zu diesen Teilen des Or. nicht beibringen lassen und die Berührung mit den fremden Stoffkreisen eine ziemlich genaue ist, so sind wir berechtigt, hier von einer positiven Nachahmung zu sprechen. Indess ist es immer möglich, dass schon die germanische Orendelsage Motive bot, an die sich die fremden Stoffe anlehnen konnten, so kann das in den nordischen Quellen bezeugte Seefahrertum des Helden und Erlebnisse, die sich daraus ergaben, den Anlass zur Verbindung mit den Abenteuern des Odysseus-Apollonius geboten haben.

Betrachten wir nun Teil IV des Or. A., J. und O. haben folgende mehr oder weniger übereinstimmende Motive gemeinsam. Nachdem der Held den König des Landes (A.), den König und die Tochter (J.), die Königin Bride (O.) getroffen hat, erregt er im Ballspiel (A.), im Schirmfechten, *esquermie* (J.), im Turnier (O.) allgemeine Aufmerksamkeit. Der Fremdling wird in allen drei Versionen durch einen Boten an den Hof gerufen, auf Betrieb des Königs (A.), der Oriabel (J.), Brides (O.). Der König beschenkt den Fremden mit Kleidern und lässt ihn an der Tafel Teil nehmen (A.), ebenso Oriabel; Bride wünscht ihn wenigstens *in phellar und sablar* gekleidet (v. 1115), bewirtet ihn aber erst nach dem Kampf mit Mentwin (v. 1527 fg.). Die Verspottung des Ankömmlings durch die Umgebung des Herrschers wird in A. nur angedeutet, indem ein Alter die Trauer des Helden als Neid auf des Königs Glücksgüter auslegt; in J. spotten die Ritter des Königs über die armselige Kleidung, ebenso wird Orendel von Sudan verhöhnt und von den Templern beneidet. J. und O. berühren sich darin noch näher, dass selbst Oriabel beim ersten Anblick den Helden für närrisch, Bride ihn für einfältig hält (fehlt dem Apoll.). Letzterer nennt auf Befragen seinen Namen und erzählt seine Schicksale (cap. 15), abweichend verschweigt Jourdain aus Schamgefühl seinen Namen, aber nennt ihn nachher der Oriabel allein; auch O. verleugnet anfangs seine Herkunft Bride gegenüber, gesteht sie aber später am Ende dieses Abschnittes zu. J. will dem König ein, zwei, selbst drei Jahre dienen, wenn er ihn ritterlich ausstatten wolle (*donner uns conrois* s. 1472), worauf er Knappe wird; hierzu hat Orendels Erwerbung von Ross und Waffen von Merzian unter dem Anerbieten der Dienstbarkeit nur allgemeine Aehnlichkeit. Im griechischen Roman wird ausführlich über die Abweisung dreier Freier der Königstochter erzählt; im Jourd. werden Robert und Guinemant als die Ritter bezeichnet, die Oriabel im Vergleich zu Jourd. abschlagen könnte (v. 1506) und von letzterem wird berichtet, dass er seiner Dame willen in den Kampf reitet (v. 1666); in O. machen sich Sudan und

Merzian Hoffnung auf Bride (913) und Pelian will sie minnen (1888). Es entspinnt sich in allen drei Ueberlieferungen ein Liebesverhältnis zwischen dem Fremdling und der königlichen Jungfrau, das mit einer Vermählung endet. Schon die bisherige Vergleichung zeigt, dass O. sich mehr zu J. als zu A. herüberneigt. In der Liebesgeschichte berühren sich nur J. und O. und zwar in folgenden Punkten: 1. Der Held beweist seine Tapferkeit in Kämpfen mit den Heiden, J. gegen den Sarazenen Sortins mit 30000 Mann, O. gegen Mentwin, Liberian und Pelian. Sortins ist der Typus des bramarbasierenden Sarazenen, der auch in den drei Kämpfen des O. hervortritt. — 2. J. klagt, dass er keine Waffen und kein Ross hat, um gegen den Heiden zu kämpfen (v. 1684 fg.), Oriabel verschafft ihm darauf Ross, Halsberg und Helm, sie selbst umgürtet ihn mit dem Schwert (v. 1746) und schlägt ihn zum Ritter. Im zweiten Kampf gegen Liberian schenkt Bride Orendel ein Ross, eine Brünne und König Davids Schwert (v. 1577 fg.), sie selbst·setzt ihm den Helm auf (v. 1644).[1]) — 3. Oriabel bietet sich J. zur Gattin an (v. 1728), ebenso lässt Bride O. wiederholt ihre Minne entbieten (eine gewisse Initiative in der Liebe schreibt auch der Apollonius der Königstochter zu, aber sie äussert sich in anderer Weise). 4. Nachdem J. Sortin in einem Einzelkampf besiegt hat, stürzt sich die Gesammtmacht der Heiden auf ihn, dieselbe Reihenfolge hat auch der Orendel bei fast allen Kämpfen. J. kommt dabei selbst in grosse Bedrängnis, wie auch O. nach dem Sieg über Pelian. — 5. Wie Oriabel, die dem Kampf von der Burg zugesehen hat, J. aus der Gefahr rettet, indem sie die Mannen ihres Vaters zum Kampf herbeiruft, so bietet auch Bride alle Tempelherrn zum Beistand Orendels auf. — 6. Nach Beendigung der Kämpfe erhält J. mit der Hand Oriabels zugleich die Hälfte ihres Landes; O. wird sowohl Gatte Brides wie Herrscher von Jerusalem. — Da der Jourd. in den Einzelheiten der Liebesgeschichte dem Apoll. gegenüber gänzlich selbständig ist (dieser enthält das Musiklehrermotiv, Liebeskrankheit der Königstochter und anderes), so ist seine Uebereinstimmung mit dem Orendel um so bemerkenswerter.

Bevor ich diese Beziehungen des Jourd.-Orend. näher erörtere, seien auch zu diesem Abschnitt einige verwandte Stoffe herangezogen. Heinzel (p. 30) hat bereits die ähnlichen Abenteuer Beuves de Hanstone und Percevals hervorgehoben. Auch auf den Aiol wäre zu verweisen. In ärmlicher Ausrüstung, ein Zielpunkt der Spötterei, aber stets der todesmutige Ritter, zieht

---

[1]) Meyer behauptet irrthümlich (p. 345), dass Bride Orendel mit dem Schwert umgürtet s. v. 1642.

Aiol in die Fremde, nachdem er vom Vater verrostete Waffen und ein mageres Ross und von einem Eremiten einen gegen Feuer und Wasser schützenden Zettel mit dem Namen Christi (v. 455) erhalten hat. Als er in Orleans, dem Hoflager König Ludwigs, anlangt und wegen seiner unritterlichen Kleidung verhöhnt wird, bietet ihm Lusiane, Tochter der Gräfin Isabel, Unterkunft an. Sie ahnt seine hohe Abkunft, aber er verschweigt auf Befragen sein Geschlecht, nachts will sie bei ihm ruhen, er aber weist sie bestimmt ab. Vor den Thoren der Stadt, angesichts Lusianens, die von der Mauer zusieht, besiegt Aiol die Feinde des Königs und soll als Lohn Estanpes und Mouleon erhalten. Zu einer Vermählung mit Lusiane kommt es nicht, da dem Helden die Mirabel als Gattin bestimmt ist. Mit dem Orendel hat die französische Dichtung folgende Motive gemein: Auszug des Helden in dürftiger, unritterlicher Kleidung, nachdem er zuvor Ross und Waffen, sowie eine Reliquie oder einen reliquienähnlichen Talisman erworben hat; gastliche Aufnahme durch eine vornehme Dame trotz des Spottes der Ritter, Initiative der Frau in der Liebe und schroffe Abwehr seitens des Ritters, glänzende Kriegsthaten gegen die Feinde, schliessliche Erhebung des Ritters und geplante Vermählung mit der Dame. Indes bedarf es keines Hinweises, dass trotz teilweiser stofflicher Berührung der Aiol, wie auch der Perceval, jeder eine ausgeprägte, selbständige Individualität aufweist und von einer Nachahmung durch den Orendeldichter keine Rede sein kann. Ein gleiches gilt von einigen Scenen aus dem Anfang des anglonormannischen Gedichtes von Horn und von dem Abenteuer Iweins zu Narisôn. Vogt hat (a. a. O. XXII, 474) Wolfdietrichs Erlebnis mit Marpalie A (Dresd. Hs.) v. 252—282; B 535—628; D VII) herangezogen, auch das Abenteuer bei der Amîe in Tervîs (D VII, 137 ff.) zeigt ähnliche Momente.

Kehren wir zum Jourd.-Orendel zurück, so ist klar, dass die Uebereinstimmung mit der franz. Dichtung für Teil III und V des Or. eine weit intensivere ist als die von Teil IV. Es fragt sich nun, welchen Einfluss wir in letzterem Abschnitt besonders den sechs Punkten, in denen sich der J. allein mit O. berührt, für die Quellenfrage einräumen können. Haben jene Berührungspunkte die ausschliessliche Grundlage für die viel reichere Darstellung in O. abgegeben oder hatte O. bereits gewisse, dann als rein germanisch zu bezeichnende Motive, als er den Einfluss von J. erfuhr? Man erkennt leicht, dass einige der Plusmotive des Orend., wie die breiten Kampfscenen, als jüngere, über den Jourd. hinausgehende Erweiterungen aufgefasst werden können, aber für die Hauptmotive ist dies keineswegs wahrscheinlich.

ad 2. O. erwirbt Ross und Waffen, erst von Merzian, dann von Bride. Die Aehnlichkeit des J. mit der ersten Erwerbung ist nur schwach, etwas deutlicher ist sie für die zweite. Auch sonst begegnet in der nordischen und deutschen Dichtung Erwerbung von Ross und Waffen zur Gewinnung einer Jungfrau. Vogt hat (aa. O. XXII, 475) auf den Skirnir-Gerþr Mythus und die Siegfried-Brynhildensage hingewiesen. Aus der Spielmannspoesie kann an den Otnit erinnert werden; bevor er auf die Brautfahrt zur Erlangung von Machorels Tochter zieht, erwirbt er von Alberich Brünne, Helm, Schild und Schwert (v. 111 fg., 176 fg.). Es war das offenbar ein altes Motiv, und es ist die Möglichkeit vorhanden, dass Orendels Erwerbung von Ross und Waffen bei Merzian ursprünglich auf einem selbständigen Zuge der deutschen Sage beruhte. — Die Ausrüstung des Helden durch die Frau findet man in deutschen Volksepen nicht allzu häufig, so stattet Künhilt Dietleip mit Helm, Schwert und Schild (Laurin, v. 1298) aus, Uote den Alphart (in diesem Gedicht Str. 105 fg.), die Amîe rüstet Wolfdietrich selbst mit dem Halsberg aus (D, VII, 156), kurz angedeutet auch Wolfdietr. B 447. Sehr oft begegnet dies Thema in franz. Volksdichtungen. Rosamunde rüstet Elie zum Kampf gegen Lubien aus (Elie de S. Gilles 2084, 2100 ff). Orable den Guillaume (Prise d'Orenge v. 949 ff.), Guiborg den jungen Guichardet (Li covenans Vivien v. 1270), ebenso den Rainouart (Bataille d'Aleschans v. 4810 f. vergl. 2271), Belissant den Otinel (Ot. v. 350), Florette den Richier (Floovant 907).

ad 3. Hinsichtlich der Initiative, welche die Frau in der Liebe ergreift, stimmt J. nur in allgemeinen Zügen mit dem O. überein, die Einzelheiten sind in beiden Dichtungen verschieden. In erster Dichtung ist die Zustimmung zu dem Liebesantrag der Oriabel die Bedingung, dass ihm diese Ross und Waffen verschafft und Jourd. beeilt sich, seine Bereitwilligkeit zu erklären. Im Orendel lässt Bride zunächst dem Helden durch Schiltwin ihren Gruss entbieten und ihm sagen, dass sie niemand holder sein könne als ihm (1152), nach dem Sieg über Mentwin empfängt sie ihn mit einem „*küsse mich*" und bietet ihm Hand und Herrschaft an (1439), und sie wiederholt den Antrag nach dem folgenden Kampf (1773); Or. aber verhält sich anfangs ganz ablehnend. Auch sonst begegnet das Motiv sowohl in der deutschen wie in der franz. Dichtung. Aus der Spielmannspoesie steht das Verhalten der Tochter Constantins im Rother recht nahe. Sie sendet dem Helden ihre Kammerfrau Herlint als Botin, die ihm erklärt: *dir imbûtit holde minne min vrouwe die kuniginne* v. 1955; dem sich anfangs weigernden Rother wird die Aufforderung wiederholt, und als er dann zu ihr in die Kemmenate kommt, empfängt sie ihn mit offener Erklärung (2190). Als Zeichen des Minneentbietens gilt ein von der Dame übersandter Ring, Otnit 415. Horants Werbung für Hettel kommt Hilde sehr frei entgegen (Gud. 405), auch Gudrun zeigt Herwig gegenüber ein freies Entgegenkommen (658). Aus der nordischen Poesie ist besonders Sigruns innige Liebeserklärung an Helgi anzuführen (Helgakviþa Hundingsbana II, 13). Im franz. Nationalepos ist die Initiative der Frau ein geradezu typisches Motiv. Nicht nur trägt sich die Sarazenin dem christlichen Helden an — im Floovant empfängt Florote den Helden mit den Worten: „*Car me baisiez, bau sire, dit Florote au cors gant; Jl n'ai ome an cest segle que je dessiere tant* (505), so treten auch die Esclarmonde, Anfélise, Floripas u. a. auf, auch von Christinnen wird dasselbe gesagt, so von der Belyssant (Amis et Amiles), von der Tochter des Géri im Raoul de Cambrai, der Eglantine des Gui de Nauteuil, der Lusiane des Aiol (vgl. Krabbes, die Frau im afrz. Karlsepos, Ausg. und Abhandl. XVIII, 20 ff.). Im Horn lässt die Königstochter Rigmil (Rimenil) dem Helden durch Vermittelung der Kammerfrau Herselot und des Seneschalls Herlant einen Ring als Liebeszeichen übersenden (ed. Brede-Stengel v. 484 ff.). Aus den Rittergedichten der Artusrunde ist es schliesslich bekannt, dass die Frau sehr häufig aus den Grenzen der Weiblichkeit heraustritt. Auf dem Gebiete des Kunstepos ist die Abhängigkeit der entsprechenden deutschen Gedichte von frz. Werken in diesem Punkte unbestritten. Auch die frz. Volksdichtung, welche diese Initiative stellenweise mit einer gewissen Naivität schildert, könnte auf die erwähnten Stellen des Rother und Orendel eingewirkt haben, nicht im Sinn einer wörtlichen Nachahmung, sondern einer freien Nachbildung. Da indes der Zug auch in der altgermanischen Poesie konstatiert ist, muss die Möglichkeit offen bleiben, dass er sich in den Kreisen der Volksdichtung ohne Beeinflussung erhalten hat. Wo sich in deutscher Volksdichtung eine üppige Ausmalung der Situation findet, wie in Wolfdietrichs Abenteuer bei Marpalie, ist am meisten Grund für die Annahme franz. Einflusses vorhanden.

ad 6. Gleichzeitige Erwerbung der Hand einer Dame und ihres Landes kommt in der deutschen und französischen Dichtung vor. Gunther erlangt mit Brynhild die Herrschaft über ihre Mannen, die sich ihm zu Füssen werfen (Nib. C: 71, 5, 6, und 79, 5, 6). Wolfdietrich soll nach der Prophezeiung des Klausners eine schöne Königin und ihr Land erwerben (A 32, 66, 244), die Sigminne verspricht dem Helden mit ihrer Hand drei Königreiche (A 489), ähnlich die rauhe Else (B 309) und die Amîe (s. oben), der Heidenkönig bietet ihm seine Tochter Marpalie und Land und Leute von Waledeisse an (A 267, B 560), schliesslich erhält er Otnits Witwe zur Gemahlin und ihr Reich zur Regierung (D VIII, 338, IX, 28). Herche verspricht den Helden Dietrichs eine Jungfrau und ein Land, Rosengarten D 550; Chriemhild bietet Rüdeger eine Königstochter und ein Königreich zugleich an, Gr. Rosengarten 1011. Dieselbe Anschauung liegt einer Stelle des Oswald zu Grunde, in der der Pilger das Land und die Gemahlin fordert (3348 fg.). Aus der Kunstdichtung genüge es, auf Iwein (v. 2879, 3528, 6801), auf den Lohengrin (ed. Rückert 226, 234, vgl. Wolframs Parzival 826,1) und den Lanzelet (v. 1244 Begegnung mit Galagandreiz) hinzuweisen. Beispiele aus Saxo Grammaticus findet man Beitr. XIII, 41 zusammengestellt. Der Inhalt der afrz. Prise d'Orenge ist die gleichzeitige Erwerbung der Stadt Orenge und der Königin Orable durch Guillaume, in der Aye d'Avignon empfängt Garnier de Nauteuil die schöne Aye nebst Avignon, weitere Beispiele siehe bei Meyer, Ausg. u. Abhandl. IV, 64, Anm. 23, Krabbes p. 34, Anm. 165, p. 55, Anm. 309. Das weitverbreitete Motiv wird sowohl in Deutschland wie in Frankreich heimisch gewesen sein.

ad 5. Im Jourd. wird zwar der Held auf Veranlassung der Oriabel aus den Scharen der Feinde gerettet, aber eine aktive Teilnahme des Weibes an der Befreiung ihres Mannes kennt die franz. Dichtung nicht, während sie im Or. den Höhepunkt dieses ganzen Abschnittes bildet. Die Märchengruppe Laistners bietet nichts Entsprechendes. Heinzel hat die frühere Ansicht, dass Bride ursprünglich eine germanische Walkyre sei, als nicht wahrscheinlich bezeichnet, und, wie schon vorher Singer, auf die Heroinen des franz. Volksepos verwiesen. Es dürfte sich daher empfehlen, Bride mit einigen kriegerischen Frauengestalten der Franzosen — Guiborg, Mirabel, Helene — in Parallele zu setzen. Die hervorragende Schilderung der Kriegerin Bride als blosse Erweiterung der Andeutung des J. aufzufassen, erscheint mir unangemessen. Als sie Orendel im Kampf mit Pelian hart bedrängt sieht, legt sie schnell entschlossen eine Brünne an, gürtet sich ein Schwert um, besteigt ein Ross, nimmt einen Schild und eine stählerne *stange*. Sie bahnt sich kämpfend bis zu Orendel durch die Reihen der Feinde einen Weg und findet ihn noch unversehrt. Er bedarf eines besseren Streitrosses, Bride schlägt einen dahertrabenden Sarazenen mit der Stange zu Boden, nachdem sie seinen Schild in drei Stücke gespalten hat; sie fängt das Ross des Getöteten, bringt es Or. und hebt ihn selbst in den Sattel. Sie fordert jetzt ihren Gatten auf, sich an ihre Seite zu halten, und gemeinsam überwältigen sie die Feinde (2045 fg.). In ähnlicher, abgekürzter Weise zeigt sich Brides kriegerische Natur in Teil IX und X. — Dem nach der Schlacht bei Aliscans in Orenge eingeschlossenen Guillaume rät sein Weib Guiborg, sich durch die Feinde hindurch zu König Ludwig zu begeben und ihn um Hülfe zu bitten, während sie in der Zwischenzeit mit ihren Frauen die Burg verteidigen will. Sie legen in der That Halsberg und Helm an, gürten sich ein Schwert um, führen in der Hand einen Speer, und es gelingt ihnen auch, die Stadt bis zum Entsatz zu behaupten (Bataille d'Aliscans 2190 fg., 2489 fg., 4220 fg.). Hier liegt wie im Or. eine vollständige Wappnung der Frau vor, aber Brides Stange, die Riesenwaffe deutscher Dichtungen, fehlt. Aus dem Willehalm Ulrichs von dem Türlin erfahren wir eine andere Heldenthat Guiborgs, die auf eine franz., aber nicht erhaltene Vorlage zurückgeht, sie befreit Guillaume, der in die Gefangenschaft Tybalts, ihres ersten Gatten, geraten ist[1]); Einzelheiten werden freilich auch hier nicht angegeben. Ein anderes heldenhaftes Weib ist die Sarazenin Mirabel im Aiol. Auf der Reise nach Frankreich wird sie und Aiol von Räubern angefallen, sie ergreift ihres Geliebten *hace danoise* und tötet damit den ersten eindringenden Räuber, indem sie ihm einen solchen Schlag von der Schulter bis zum Leibgurt versetzt, dass die Gedärme zu ihren Füssen fallen (5990), nachher wehrt sie sich gegen einen Räuber durch einen Schlag an die Backe (6319, 6354), sie legt auch einen Halsberg an und besteigt nach Männerart das Ross (7482). Von der Helene der Turiner Vengeance sagt Heinzel (p. 61): „Im Kampf vor Jerusalem wird David von ihr getrennt. Er bemerkt es und ruft: Helene! wo bist du? Sie wird im Kampf hart bedrängt, verwundet und verliert ihr Pferd. Auf ihren Ruf: König von Griechenland, wo bist du? eilen David . . . ihr zu Hülfe und verschaffen ihr wieder ein Pferd," im Verlauf der Schlacht tötet sie den Asillans. Hier findet, mit dem Orendel übereinstimmend ein Pferdewechsel während des Kampfes statt, das Unterscheidende beider Situationen besteht darin, dass in der Vengeance der Mann der gefährdeten Frau ein neues Pferd verschafft und sie rettet, im Or. aber rettet — und das ist sehr wichtig — das heldenstarke Weib den gefährdeten Mann und gewinnt ihm ein Streitross. Das Eine zeigt die Vergleichung aller dieser Frauengestalten sofort, dass sie sämtlich demselben Typus des kriegerischen Weibes angehören, aber die umgebenden Scenen, innerhalb derer sie ihr Heldentum bewähren und die Art der kriegerischen Bethätigung selbst sind in jedem der franz. Gedichte und im Or. abweichend dargestellt. Brides

---

[1]) H. Suchier, Ueb. d. Quelle Ulr. v. d. Türlin etc. 1873, Marburger Hab. Schr. p. 30.

heldenhaftes Auftreten kann nicht dem frz. Epos entlehnt sein, denn die Berührungspunkte sind nur ganz allgemeiner Art, und daher wird sie auf deutschem Boden entstanden sein. Die franz. Heroinen werden gewöhnlich als Fortbildung des germanischen Walkyrentypus aufgefasst, die Entwicklung ist dahin erfolgt, dass die übernatürliche Walkyre zur menschlichen Heroine umgestaltet wurde. Dieselbe Umbildung wird sich auch in der deutschen Sage vollzogen haben und wir erkennen in der Frauengestalt des Or. die Spuren einer germanischen, dem Walkyrencharakter ähnlichen Heldenjungfrau.[1]

Die Herkunft des Motivs, dass Orendel in der Brautnacht ein Schwert zwischen sich und Bride legt, lasse ich noch unentschieden.[2]

Ich möchte durch die vorhergehende Betrachtung wahrscheinlich gemacht haben, dass Or. Teil IV bereits grundlegende Motive enthielt, als er die Einwirkung des Jourd.-Apoll. erfuhr. Nur durch die Annahme eines germanischen Kerns der Sage erklären sich die Abweichungen, die den Jourd. trotz aller Uebereinstimmung von dem Or. trennen. Dieser Grundstock könnte folgenden Inhalt gehabt haben: nach Erwerbung von Ross und Schwert gewinnt Orendel eine heldenhafte Jungfrau, die ihm im Kampf thatkräftigen Beistand geleistet hat.

Eine besondere Betrachtung verdienen die weit ausgesponnenen Kämpfe in O., von denen schon bemerkt wurde, dass sie im Vergleich zum Jourd. grösstenteils als jüngere Erweiterung betrachtet werden können, natürlich mit Ausschluss von Brides Teilnahme an der Schlacht. — Zuvor sei die

---

[1] Meyer hat a. a. O. 350 in betreff des kriegerischen Verhaltens Brides auf die ähnliche Tapferkeitsprobe der Johanna, der Schwester des Königs von England Richard Löwenherz, in einem arabischen Roman hingewiesen. Zunächst ist noch nicht erwiesen, ob der Roman überhaupt in Europa bekannt war und dann weicht die Kampfscene in vielen Punkten und im Ausgang vom Or. ab.

[2] Die von Berger gegebenen Nachweise des Motivs sind nicht sehr vollständig. Es findet sich in der Siegfriedsage, s. in der Edda Brot af Sigurþarkviþa 20, Sigurþarkv. skamma 4 und 64 (cf. Gripisspó 41), Skáldskaparmál cap. 6, sowie in der Volsunga Saga cap. 27, ferner nach Gerings Notiz in der Eddaübersetzung 192 Anm. in der Gongu-Hrólfs saga (Fornald. sög. III, 303). Von deutschen Gedichten ist auf Wolfdietrichs Abenteuer auf Falkenis (A 270, B 580) und auf Gottfrieds Tristan ed. R. Bechstein[3] v. 17416 zu verweisen. Dann kommt es in Freundschaftssagen vor, im afrz. Amis et Amiles v. 1159 ff. in Konrad von Würzburgs Engelhart und in einem griechichen Märchen bei Hahn No. 22, I, 171. Weiteres ersieht man aus Golther, Sage von Tristan und Isolde, 1887 S. 24, vergl. Laistner a. a. O. p. 114 und Romania 17,606 (Muret).

Zähmung von Merzians wildem Ross durch Or. erwähnt; es ist so wild, dass es drei Mann nicht halten können und hat seinem Besitzer schon drei Knechte erschlagen. Ebenso ungestüm ist das Ross Aiols Marchegai; es erschlägt mehrere Leute, die sich ihm nähern oder in die Zügel fassen wollen. (Aiol 583, 926, 1038), von besonderer Wildheit ist auch das Ross Passe-avant (ibid. 9914), ebenso Lubiens Pferd Prinsaut (Élie de S. Gilles 1826) und das Ross Arundel des Beuves de Hanstone (Ellis, Metr. Rom. 153, 160, 125). Orendel versetzt (in der Prosa, Berger 36) dem Ross, das mit offenem Munde nach ihm greift, einen solchen Faustschlag hinter die Ohren, dass es erzittert und stillsteht. So bringt auch der Riese des Otheviens (2475) das Ross Florens' mit einem Faustschlag zu Fall, der Riese Ferracut tötet Rolands Ross durch einen Faustschlag (Pseudo-Turpin cap. 18) und Rainouart das Ross seines Gegners mit zwei Faustschlägen (Bat. d'Aliscans p. 284, bei Ulrich von Türheim, Z. f. d. Phil. XIII, 147). — Eigenartig ist Orendels Rencontre mit Merzian. Dieser hat ihn vor Bride und den versammelten Tempelherrn in seiner ritterlichen Ehre gekränkt, indem er ihn mit Anspielung auf die entliehenen Waffen seinen Knecht nennt und ihm Schweigen gebietet, worauf ihm Or. in leidenschaftlicher Erregung sofort mit der Faust einen Schlag ins Gesicht giebt, dass er zu Boden fällt. Diese Scene erinnert an ähnliche des frz. Epos, in denen die Helden, von ihren Gegnern bei dem Herrscher verleumdet und in ihrer Ehre verletzt, diese in blinder Leidenschaft durch Faustschlag niederwerfen, häufig sogar töten. So erschlägt Guillaume den Hernaut (Coronemens Looys 133), den alten Aymon (Charrois de Nymes 743, 1357), ähnlich Prise d'Orenge (121, 223, 1603), in der Chevalerie Ogier wirft letzterer den treulosen Alori (585) zu Boden, vergl. ferner Li moniages Guillaume (604 fg.), Gui de Bourgogne (Karl—Boidant 1409). Die Tötung des Gegners durch Faustschlag ist ein altes, kräftiges Motiv und klingt im Or. durch.

ad 1 und 4. An Stelle des einen Kampfes in J. mit dem riesenhaften Sortin sind in O., von dem unbedeutenden Kampf mit Sudan abgesehen, deren drei getreten und zwar mit den Riesen Mentwin (a), Liberian (b) und Pelian (c). Dass die Frau dem Helden Ross und Waffen verschafft und ihn damit ausrüstet, ist in O. bei Kampf b angebracht; dass sie die Ritter zu seiner Befreiung aufruft, hat O. bei Kampf c. In J. beginnt der Kampf zunächst mit einer Herausforderung, welche den Typus des prahlerischen Sarazenen erkennen lässt. Sortins rückt vor die Burg des Marques und ruft von einer Anhöhe die Forderung aus (1613 ff); nachdem mehrere Ritter von ihm besiegt sind, zieht J. aus Der Sarazenc fordert ihn spottend auf, wegen seiner Jugend und Schönheit vom Kampfe abzustehen, der Heide waffnet sich, J. betet zu Gott, und als ersterer ihn vergeblich zum Uebertritt zu Muhamed zu bewegen gesucht hat, beginnt der Kampf. Im Otheviens ist der Sultan von Coïne entschlossen, Frankreich zu erobern; prahlerisch verkündet er, König Dagobert hängen zu lassen und seinen Leib zu verbrennen, wie auch ein anderer Heidenkönig versichert, Paris einzunehmen und den König mit Händen zu erwürgen (1307, 1349). Nachdem er den König der Riesen für sich gewonnen, zieht er plündernd in Begleitung seiner Tochter vor Paris. Ein Zwerg verkündet als Bote im Palast Dagoberts, dass der Riese einen Ritter zum Zweikampf fordere. Am andern Morgen kommt der Riese selbst an das Thor der Stadt und schreit seine Kampfforderung hinein. Einen Ritter besiegt er, fasst ihn am Hals und schleppt ihn leicht, als ob er ein Ball wäre, vor den Platz der Königstochter. Als zweiter Kämpfer zieht der Held Florens aus, nachdem er von seinem Vater mit Waffen ausgestattet ist, der Riese empfängt ihn sogleich mit Spott über seine Kleinheit (2326).[1]) Hiermit vergleiche man die Orendelscenen. In a kommt Mentwin als Bote auf den Hof geritten, fragt trotzig nach Orendel und als Merzian ihm den Helden zeigt, spottet er über seine Kleinheit, er will ihn unter die Arme nehmen und ins Meer werfen. In b und c kommt der Riese auch selbst als Bote, lehnt sich über die Burgmauer von Jerusalem, frägt diesmal nach Bride und fordert von ihr die Auslieferung Orendels. Wenn diese nicht gewährt wird, will er das heilige Grab und alle Christen verbrennen. Bride eilt zu Orendel in die Kemmenate und verkündet ihm die Botschaft, worauf er zum Kampf auszieht. Die Herausforderung hat in b und c denselben Verlauf und fast denselben Wortlaut, in einer Einzelheit berührt sich c mit a, indem es ebenfalls den Spott auf die Kleinheit Orendels in ähnlicher Form (v. 1885) enthält.[2]) — J. bietet noch eine vollständige, breit ausgeführte Kampfschilderung voll Leben und Kraft, Beweis, dass sein Publikum noch lebhaften Anteil an dergleichen nahm. Die Kampfscenen im Or. sind recht dürftig, wie auch die des Salm.-Mor. im Gegensatz zum Rother, Otnit und den Wolfdietrichen, in denen noch wahre Freude am ritterlichem Kampfe

---

[1]) Mehr oder weniger ähnliche Situationen bieten auch die Sarazenenkämpfe des Coronemens Looys, der Chevalerie Ogier, des Gui de Bourgogne und Otinel.

[2]) In Teil VII des Or. kommt noch einmal das Ansagen der Fehde vor, nämlich durch den Herzog Daniel im Auftrage Elins und Durians. Dabei wird auch Merzians Kampf, die Beleidigung Orendels durch die Bezeichnung „knecht" sowie sein Faustschlag herübergenommen und in komischer Weise fortgeführt, indem der Bote seinem Herrn die Faustschläge als Antwort wiedergiebt.

herrscht. Im Jourdain, Otheviens und anderen Dichtungen besteht der Kampf des Helden zunächst in einem Zweikampf, und zwar in der typischen Form, dass erst mit der Lanze, dann mit dem Schwert gefochten wird, es folgt dann der Massenkampf. Im Orendel kämpft der Held zunächst mit dem Riesen allein und nach dessen Ueberwindung mit der Uebermacht der Gegner. In a und b, wie auch in dem Kampf mit Sudan, kommt nur ein Anrennen mit den Lanzen vor, wodurch der Gegner schon zu Fall gebracht wird. Nur in c folgt dem Lanzenkampf ein Schwertkampf: nachdem die Speere zerbrochen, schützen sich Or. und Pelian hinter den Schilden, ziehen die Schwerter und schlagen aufeinander (ebenso in Teil VII zwischen Orendel und Durian). Nach dem Einzelkampf mit Sudan wird Or. nacheinander von je 2, 4, 6, 12 und 24 Gegnern angerannt, in a wird er von 12 heidnischen Königen, jeder mit 600 Mann, angegriffen und überwindet sie in dreitägiger Schlacht, in b muss er mit einer Heeresmacht von 14000 Mann (v. 1661, cf. 1543) kämpfen, in c beträgt die Zahl der Angreifer bloss 16000 Heiden — die spielmännische Uebertreibung tritt überall sehr deutlich hervor. — Der Ausgang des Kampfes ist natürlich schliesslich ein für den Helden siegreicher. Lediglich durch eigene Kraft überwindet Or. den Gegner im Massenkampf b und im Zweikampf mit Sudan, in den andern bedarf er der göttlichen Intervention, die dem Jourdain noch ganz fremd ist, im Otheviens aber schon hervortritt (s. u.). In c eilen Brides Mannen Or. zu Hülfe, wie auch Jourdain und Florens im Otheviens von des Königs Rittern Beistand erhalten. Wie schematisch nun auch die Kämpfe des Or. gehalten sind, so hebt sich doch Brides Teilnahme an der Schlacht so bedeutungsvoll von den umgebenden Scenen ab, dass wir berechtigt sind, in c den ursprünglichen Kampf zu erblicken.

An Einzelheiten der kriegerischen Ausrüstung ist folgendes zu bemerken. Mentwin reitet auf einem Elephanten, da ihn kein Ross tragen kann (v. 1197, Parallelen aus Biterolf und Thidrekssaga bei Berger in der Anm.). Ebenso reitet Rennewart (Rainouart) auf einem Elephanten, ein Ross bricht unter seiner Last zusammen (Z. f. d. Phil. XIII, 134, 154). Auch den Riesen des Otheviens (1949) und Wolfdietrich (D VII, 156) kann kein Ross tragen, das nicht unter ihm zu Fall kommt. Dass die Grösse des Heiden mit einem Turm verglichen wird, begegnet Or. 1934 und Otheviens 2530. Pelian hat drei Brünnen übereinander, eine hörnerne, silberne und stählerne. Siegfried legt im Rosengarten C 1654 zum Kampf gegen Dietrich von Bern drei Halsberge an, und in der Bataille d'Aleschans hat der Heide Haucebiers drei Saffranhalsberge an (p. 297). Zu den kunstreichen Waffen Orendels und dem Helmschmuck Mentwins vergl. Berger zu 973, Heinzel 29, Vogt a. a. O. XXII, 485. Ein ähnlicher Automat, wie die Helmzimierde jenes Riesen ist der aus Kupfer getriebene Baum im Aymeri de Narbonne (v. 3516 fg.), in dessen Zweigen Vögel sitzen, die, wenn durch einen Blasebalg Luft in die hohlen Gänge eingeführt wird, anfangen zu singen, und ferner der goldene Baum, der bei der Gralbeschreibung im jüngeren Titurel vorkommt (ed. A. K. Hahn p. 37, Str. 372). Verwandt ist der Schild im Mort Aimery de Narbonne (v. 1075); die kostbaren Steine (*dionicles*), mit denen er besetzt ist, beginnen zu ertönen, so dass die ganze Stadt davon wiederhallt. Zu der in deutschen Spielmannsepen ausserordentlich häufigen Wendung *ân stegreif er in den satel spranc* (s. Berger zu 990) vergleiche man aus französischen Volksepen: *Li cuens i monte si que estrier n'i baille* (Coronemens Looys 412), *Estrier n'i baille, ne arcon ne se prent* (ibid. 863), *Sor son destrier est sailliz maintenant, Que a estrier n'a arcon ne s'i prent* (ibid. 2471), *Rollans i monte, qu'a arcon ne s'i prant* (Otinel 310), *Li quons salt sure, k'a arcun ne se prent* (ibid. 869), *Ysnelement monta qu'estrief n'i a tendi* (Conquête de Jérusalem 292), *Li rois saut en la sele, qu'a estrief n'en sot gre* (ibid. 6696), *Et sali es archons, qu'a estrief n'en sot gre* (ibid. 7891), *Il i monta tant acesméemant, Qu'estref n'i baile ne arcon ne s'i prant* (Chevalerie Ogier 1679), andere Beispiele namentlich aus Kunstdichtungen s. bei Treis p. 101 und 120 Anm. 57; vergl. *Into the saddle so he lept That on no stirrup he ne stept* aus dem Bevis of Hamtoun s. Ellis, Engl. metr. Rom. II, 130.

Man sieht, dass es auch in den Kämpfen des Or. an Berührungspunkten mit französischen Volksepen nicht fehlt. Die angeführten Einzelheiten sind freilich zum grössten Teil Gemeingut der Spielmannsdichtung beider Völker, so dass sich schwer feststellen lässt, wer der gebende, wer der empfangende Teil war. Die typische Form der Kampfschilderung braucht nicht auf Frankreich zurückzugehen, da sie sich auch in Deutschland entwickelt haben kann. Aber ich glaube, dass die buffomässige Behandlung des sarazenischen Riesen als eines ungeschlachten Prahlhanses dem französischen Geist ihre Entstehung verdankt, gerade so wie der durchaus ernste und tiefe Gegensatz des sarazenischen Heidentums zum christlichen Rittertum am frühsten und glänzendsten in der französischen Dichtung ausgeprägt worden ist. Demnach nehme ich einen gattungsmässigen Einfluss dieses franz. Bramarbastypus auf die Riesen des Or. an, wie schon für den Riesen der Rothersage Widolf ein Aehnliches behauptet worden ist (darüber s. Heinzel, Ostgothische Heldensage, S. B. der Wiener Akademie 119 p. 84).

In Abschnitt VI des Orendel wird der Held mit einem Haken über die Mauer des von ihm belagerten Westval gezogen. Das Motiv ist, wie Meyer richtig hervorhebt, aus Jourd. 2769 entlehnt. Dieser Teil ist durch die Einführung des Zwerges Albân erweitert, es ist der Alberich des Nibelungenliedes und des Otnit, der Albrîch des Walberan; der Wortform am nächsten liegt der Albrîan, der sich in einer Recension von Ecken Ausfahrt findet. Die Endung *ân* ist nicht, wie Berger (p. C IV) annahm, aus Bequemlichkeit im Reim mit *wunnesam* und *lobesan* entstanden, sondern Analogiebildung nach den in der Spielmannspoesie so häufigen Namen auf *ân*.[1]) Wie Alban Bride bezwingen will, so hat im Otnit Alberich die Mutter des Helden bezwungen; Alban lockt Bride in den Kerker Orendels und sperrt sie dort ein, desselben Mittels bedient sich Laurin, wenn er Dietleip listigerweise in einer Kemmenate einschliesst. Die dreisträngige Geissel, mit der Alban für seine Schandthat von dem Engel durchgepeitscht wird, erinnert an die siebenknotige Geissel Alberichs im Nibelungenlied (Zarncke, 76 1,2) — für den Spielmann eine Prügelei mehr. Ein Zwerg und ein unterirdisches Gemach gehören zum Inventar der Spielmannsdichtung. Im Salm.-Mor. führt ein geheimer Gang zur Burg Princians, den der Zwerg Madelgêr und die Meerminne zuschütten lassen (738), im Rother wird ein hohler Gang zwischen dem Kerker des Helden und seiner Herberge gegraben (2552). Alle diese Motive gehören zu der Gruppe der Zwergmärchen. In Abschnitt IX sind zwei verschiedene Sagengruppen vermengt, es finden sich hier Anklänge an die weiteren Abenteuer des A. und J., worüber Meyer p. 336 fg. zu vergleichen ist, und Motive aus einer Salomosage, über die ich weiter unten handle. Die Motive dieses Teiles werden schliesslich in Abschnitt X wiederholt. Neu ist hier der Schlaftrunk, durch den Durian den König betäubt und ihm das Haupt abschlägt, worauf er und Bride sich der Feste bemächtigen. Schlaftrunk und Tötung eines dadurch Betäubten hat auch der Sal.-Mor. (312,323).

Die geistlichen Bestandteile des Or. sind zu den letzten Erweiterungen zu rechnen, die der Stoff erfahren hat (A. und J. bieten nur bescheidene Ansätze dazu), ohne dass es uns noch möglich wäre, sie kritisch auszuscheiden. Der Rock Christi ist nach Evang. Johannis 19,23 ungenäht, so Or. 27, dasselbe erwähnt Bruder Philipp in seinem Marienleben ed. Rückert 3645 fg; der heilige

---

[1]) Solche Bildungen sind im Otnit selten, das Nibl. hat deren 4 (Adriân, Libiân, Polân, Schrutân), der Rother 5, der Salman-Moralf 8, der Orendel 11, die Wolfdietriche 16.

Bonus erhält in dem gleichnamigen Gedicht von Maria ein ungenähtes Messgewand (Z. f. d. A. II, 213 v. 188). — Nach dem Tod Christi kommt der Rock in die Hände eines alten Juden. Dieser bittet Herodes als Lohn für seine dreiundzwanzigjährigen Dienste um den grauen Rock (49 fg.), ähnlich bittet in der Graldichtung Roberts de Boron Josepf von Arimathia Pilatus um den Leichnam Christi als Belohnung für seine ihm geleisteten Dienste, dasselbe berichtet Gautier de Doulens in seiner Fortsetzung des Conte du graal und der Prosaroman von Perceval (s. Birch-Hirschfeld, Sage vom Graal p. 151, 108, 123), die Quelle hierzu ist das Evangelium Nicodemi. Auch in einer trierischen Lokalsage, die sich an die Legende anschliesst, ist der Rock im Besitz eines Juden.[1]) — Dass der Rock als Reliquie ins Wasser geworfen wird, um an einem andern Ort wieder zu erscheinen, ist ein legendarisches Motiv; so werden die wundenheilenden Balsambüchsen des Fierabras ins Wasser geworfen, um am Johannisfest wieder an die Oberfläche zu gelangen (afrz. Fier. p. 32). — Der „Syren", welcher den ins Meer geworfenen Sarg mit dem grauen Rock (D, 88) aufbricht, ist wohl weniger als „männlicher Wassergeist" aufzufassen, wie Berger nach dem Mhd. Wb. von Müller-Zarncke (vergl. Lexer II, 940) meint, sondern als ein Seeungeheuer, und es liegt vielleicht eine dunkle Erinnerung an die Sirenen des älteren Physiologus (M. S. Denk. L XXXI, No. 5) vor. — Der Rock wird schliesslich von dem Waller Tragemund gefunden, der mit dem Helden des Trougemundes liet (Denkm. N 48) identisch ist. In letzterer Dichtung tritt er als Fahrender auf, der *in eines stolzen knappen wise* umherzieht, die spätere Spielmannspoesie macht ihn zum Pilger wie im Orendel und Oswald. Kenntnis von 72 Ländern wird dem Trougemund, dem Tragemund und dem Wârmut des Oswald (s. Z. f. d. A. II, 93 v. 47) nachgerühmt. — Der ins Meer geworfene Rock wird von einem Wal aufgefangen und bei einem Fischzug, den Orendel unternimmt, im Leib des gefangenen Wales gefunden. Das Motiv entspringt einer Salomosage s. Vesselofsky, Arch. f. slav. Phil. VI, 558; eine Parallele bietet die Gregoriuslegende: der Schlüssel zu den Ketten, mit denen Gregorius an den Felsen gelegt ist, wird ins Meer geworfen, nachher von einem Fischer im Magen eines Fisches gefunden. —

---

[1]) S. Berger, p. C III. Im afrz. Epos befinden sich berühmte Waffen mehrfach im Besitz von Juden, im Girart de Viane bewahrt der Jude Joachim, ein Nachkomme des Pilatus, Oliviers Schwert und Panzer (in Bekkers Fierabras p. XXXII, 2024 fg.). Der in einem Porphyrgrabmal zu Jerusalem gefundene Helm Garniers wird in der Aye d'Avignon von dem Juden Matol erworben.

Orendels glücklicher Fischzug gelingt nur durch Assistenz des heiligen Petrus (580), der ja seinem Gewerbe nach Fischer war (Matth. 4,18, Marc. 1,16) und den wunderbaren Fischzug that (Luc. 5,1). Sonst begegnet Petrus als Retter der auf See Verunglückten, in der Crescentialegende, Kaiserchronik 12384, 12409. — Zum Ankauf des grauen Rockes erhält Or. vom Engel Gabriel 30 Goldpfennige, diese Summe ist nach v. 748 den 30 Silberlingen nachgebildet, um die Judas Christum verriet. Eine ähnliche Benutzung des biblischen Motivs zeigt die Vespasianlegende, in der der Kaiser nach Einnahme Jerusalems je 30 Juden um einen Pfennig in die Sklaverei verkäuft, so in der Vindicta salvatoris, in der Graldichtung Robert de Borons (s. Birch-Hirschfeld p. 153), in der Kaiserchronik 1119 vergl. Massmann III, 608. — Der schiffbrüchige Or. ruft den heil. Wieland von Bare (D, 480), d. h. ursprünglich St. Nicolaus an, s. E. H. Meyer p. 327. vergl. Aiol v. 10600 *Droit a saint Nicolai dont vous oi aves, Celui c'on dist a Bar, sont .i. main arive.* — Bevor Or. an Brides Hof kommt, hört er eine Messe, ebenso vor dem Kampf mit Pelian (1948). Der Gang in die Messe vor dem Kampf und bedeutenden Ereignissen ist im frz. Epos sehr häufig s. Jourd. 1380, Aiol 539, 1251. Coronemens Looys 318, 329 etc. — Als Bride bei der ersten Begegnung Or. ihre Liebe entbietet, beruft sie sich auf die *gotes stimme*, die ihr den Sohn Ougels von Trier als Gatten bestimmt hat. Die Voraussicht des Gatten findet sich auch in christlichem Sinne in dem Willehalm, Branche Maillifer. Dieser stellt sich der Amazone Pentesilie als den ihr vom Cherub bestimmten Gatten vor, worauf auch sie entgegnet, dass ihr der Cherub erschienen sei (Z. f. d. Ph. XIII, 139). In Wolframs Parzival will die Fürstin (Else) von Brabant nur dem Ritter sich vermählen, der ihr von Gott gesandt wird (L. 824,25). — Or. erhält von Bride das Schwert Davids. Auch sonst werden alte Schwerter zur Erhöhung ihres Wertes biblischen Personen zugeschrieben, vergl. Salomos Schwert im Grand St. Graal (Birch-Hirschfeld, a. a. O. 21), in den Chétifs erhält Richard de Caumont von der Calabre das Schwert des Herodes, mit dem er den bethlehemitischen Kindermord (Matth. 2,16) vollführte, im Seghelyn erhält der Held von dem Fischer ein Schwert, das Moses, Petrus und Pilatus besessen haben.[1] — Es scheint ein

---

[1] Auch antike Helden verwandte man dazu. Olivier besitzt das Schwert, das Aeneas vor Troja dem Elinant entrissen hat (Girart de Viane, in Bekkers Fierabras v. 2092); das Schwert Alexanders gelangt in den Besitz des Grafen Ferraut (Gaydon, ed. Guessard u. St. Luce v. 6406), der Schild Alexanders begegnet in den Enfances Guillaume.

legendaricher Zug zu sein, wenn von dem Kämmerer erst das falsche Schwert Davids, das wie eine Reliquie behandelt wird, gebracht und als solches erkannt wird und darauf das echte geholt wird. Dem von Kaiser Otto gesandten Ritter werden in Rom erst die unechten Ketten Petri und, als sie sich als unbrauchbar erwiesen haben, die echten gebracht s. Alt. Passional ed Hahn p. 165 v. 73. Von den drei Kreuzen, welche Helena trotz des Streubens der Juden ausgraben lässt, ist nur eins das echte. — Das Keuschheitsgebot des Engels in der Brautnacht Orendels und Brides erinnert an die ähnliche Scene des Oswald, wo der als Pilger erscheinende Christus dem König und der Pamige Keuschheit empfiehlt (vergl. auch eine keltische Legende bei S. Schultze, Entwicklung d. dtsch. Oswaldleg. p. 36). — Der Abrahamîsche garten, durch den Merzian vor Or. entflieht (1523), begegnet sonst noch in einem Hirtensegen bei Goedecke, Dtsch. Dichtung im M. A: 243; vergl. die Kröte aus dem Abrahamschen Garten im Otnit 498. Was zur Zeit der Kreuzzüge darunter verstanden wurde, ergiebt sich aus frz. Gedichten. Es ist hier der Ort bei Jerusalem, wo die christlichen Pilger Palmzweige zu pflücken pflegten, um sie mit in die Heimat zu nehmen. In der Conquête de Jérusalem heisst es v. 4689 *Mes palmes ai coillies en l'ort saint Abrehent* und v. 4826 *De l'ort saint Habreham fist venir I planchon, De cha mer et de la Espic l'apeloit on*, vergl. Aiol 1554 *En l'hort saint Abrahan pris c'est espi*, ein weiteres Beispiel citiert W. Foerster in der Anm. zu diesem Verse. — Als Bride Or. zu Hülfe eilt, heisst es v. 2073 *die heiligen siben gâben unsers hêren, die wisten die maget hêre hin ûf den Jordan*. Diese sieben Gaben Christi sind nicht ganz identisch mit den häufiger vorkommenden sieben Gaben des heiligen Geistes, hierzu Belege bei Berger Anm. zu obigem Vers, ich füge hinzu: Bruder Philipps Marienleben v. 342 und Servatius, Z. f. d. A. V, 75 ff. v. 252. Im Or. sind die sieben Sterne gemeint, die Christus nach Apok. I, 16 cf. 20 in seiner Hand hält, als er dem Apostel Johannes in einer Vision erscheint, so heisst es im Gedicht von den sieben Siegeln M. S. Denk. Nr. 44 Str. 5 v. 9 *(daz wâren ..) dei siben liethsternen in der zeswen des herren*. Danach ist es auch verständlich, wenn in den Mariengrüssen Z. f. d. A. VIII, 276 Christus als der *siben gâbe wirt* (d. h. Herr, Gebieter) bezeichnet wird. Nimmt man hinzu, dass nach Matth. II, 2,9 der Stern des Herrn die Weisen des Morgenlandes die Geburtsstätte Christi finden lässt, indem er vor ihnen herzieht, so ist es für die mittelalterliche Vorstellung verständlich, dass auch die sieben Sterne Christi der Bride den Weg weisen. — *Suriant* bezeichnet Or. 2093, 2098 einen Heiden, entsprechend werden in der

Conquête de Jérusalem die Sarazenen *Li Suriant* (680) und *Surien* (544, 1169) genannt. Hiervon abweichend werden Or. 1190 u. ö. die Tempelherren darunter verstanden und Salm.-Mor. 755, 758 erscheint ein *Suriân* im Heere des christlich gedachten Salomon. —, Eine Taube befördert den von Maria geschriebenen Brief zur Rettung des Or. und lässt ihn während der Messe auf den Altar fallen, worauf der Priester den Inhalt verkündet, (3650); Ankunft einer Nachricht während der Messe und ihre Mitteilung durch den Geistlichen findet sich auch im Coronemens Looys 328 ff. — Der Führer von Orendels Heer bindet den heiligen Brief an den Schaft seines Schwertes (3678), so befestigt im Rother 4102, 4146 Arnolt eine Reliquienkapsel an seine Lanze. — Die wunderbaren Rettungen Orendels durch himmlische Vermittlung sind sämmtlich nach dem Schema der Marienlegenden gedichtet: Gebet des in Noth Befindlichen zur Mutter Gottes, Fürsprache Marias bei ihrem Sohn und sofortige Gewährung des Erbetenen durch übernatürliche Hülfe, oft durch Engel. Diese Partien können erst gedichtet sein, als der Marienkultus schon weit verbreitet war und dichterische Gestaltung gefunden hatte, d. h. um die Wende des 12. und 13. Jahrhunderts. Der auf dem Klebermeer festliegende Or. wird durch Maria befreit, die Christus veranlasst, einen Sturm wehen zu lassen (375 ff.); schon eine ähnliche Scene der Gudrun, die Rettung Herwigs aus dem *finster mer*, hat eine Tendenz, die höheren Mächte in die Darstellung hineinzuziehen: der Nebel zieht sich plötzlich zurück *als ez got gebôt* (1134), ein Wind treibt sie schnell weiter *daz si diu gotes werc und ouch sine helfe bescheidenlîchen sâhen*, aber Mariens Fürbitte wird noch nicht erwähnt. In den Kämpfen Orendels hat die göttliche Assistenz meistens denselben Wortlaut s. v. 377 fg, 798, 1375, 1662, 2015 ff. Von einer thatsächlichen Beteiligung der himmlischen Heerschaaren an der Schlacht weiss der Dichter indes nicht viel zu berichten. Im Kampf gegen Mentwin verkünden die mit Schwertern bewaffneten Engel Gabriel, Raphaël und Michael Orendel zwar, dass sie ihn *behüeten sollen vor allem folkwîge*, wenn er aber doch erschlagen werde, solle seine Seele in den Himmel kommen; sie reiten dann mit in die Schlacht, bleiben aber unthätig, indes Or. seine alte Tapferkeit bewährt. Noch weniger ausgeführt ist die himmlische Aktion im Servatius, wo Karl mit Hülfe der himmlischen Schaaren und des Heiligen selbst gegen die Sarazenen kämpft (2124). Viel höher steht der Kampf des heiligen Georg im Otheviens zur Befreiung des bedrängten Dagoberts, auf weissen Rossen eilt er mit seinen Kämpfern herbei *plus de XX [X] mile unt verses ... tant s'est Sain Jorges conbatus que les paiens a desrompus* . . . *Saint Jories a l'encontre voit, Maint Sarrazins a terre met Qui jamais n'ierent releve. Maint en out mort et cravente, A la terre gisent senglant* (4713 fg.), bedeutender ist auch das wiederholte Eingreifen des heiligen Georg, Mauritius und Dominius in der Conquête de Jérusalem (668 fg., 5386, 8619 fg.). —

Ich glaube somit, dass sich aus dem Spielmannsgedicht eine germanische Brautwerbungssage von Orendel erschliessen lässt, die im Laufe ihrer Entwicklung einerseits in steter Beziehung zu verwandten volksmässigen Traditionen (Laistner'sche Märchengruppe) blieb, andererseits einen nicht unbedeutenden, mehr litterarischen Einfluss des Appollonius und besonders des Jourdain erfuhr und auch sonst der Einwirkung des französischen Volksepos zugänglich war. Dann wurde dem Stoffe durch Verlegung nach Palästina der historische Hintergrund der Kreuzzüge und durch Einführung der Legende vom grauen Rock und anderer geistlicher Motive eine spezifisch christliche Tendenz gegeben.

Nachtrag.

Ad S. 25. Das Motiv, dass der Riese befürchtet wegen seiner Schwere sein Ross zu erdrücken und deshalb einen Elephanten besteigt, ist auch aus der englischen mittelalterlichen Litteratur zu belegen, s. Germania 34 p. 191 (Kölbing).

Ad S. 28. Das Auffinden eines Ringes im Bauch eines Fisches begegnet auch häufig in Märchen, so in dem Cyklus von der goldhaarigen Prinzessin, worüber die zahlreichen Nachweise bei Cosquin, Contes populaires de Lorraine II, 293 fg. zu No. 73 zu vergleichen sind.

II. Zum Salman-Morolf.

Es giebt eine orientalische und occidentalische Salomosage, jene ist im wesentlichen eine Gestaltentauschsage, diese eine Entführungssage. Nachdem sich in der ersteren Aschmedai des Ringes Salomos bemächtigt und dadurch die Gewalt über die Geister erlangt hat, verstösst er Salomo, nimmt dessen Gestalt an und ergreift von seinem Reich und seinen Weibern Besitz; schliesslich wird er entlarvt und Salomo wieder eingesetzt. Die zweite Sagenform handelt von dem Raub der Gattin Salomos und ihrer Wiedererlangung durch den Gatten. Nach Vogts Untersuchungen kann angenommen werden, dass die erstere Sagengestalt bereits die Keime enthielt, aus der die zweite sich entwickelt hat. Die abendländische Tradition liegt in russischen und deutschen Fassungen vor. Die ersteren bestehen in Volksliedern, von denen der Inhalt eines Liedes A und die Varianten zweier andern B und C von Jagić im Archiv f. slav. Phil. I (1876) p. 103 fg. mitgeteilt worden sind, sowie in Prosaversionen, die ich mit D, E, F bezeichne und die Wesselofsky, ibid. VI, 406 fg. (vergl. Jagić I, 107) teilweise analysiert hat. In A—C ist der Entführer der Frau des Salomo der Kaiser Vasilj Okuljevič, in D Kitrovas (= κένταυρος), in E der König Por (= Porus), in F der König von Cypern. Die deutsche Fassung ist in sehr zusammengedrängter Darstellung in dem Anhang des Spruchgedichtes von Salomon und Morolf v. 1605 —1848 (v. d. Hagen, Dtsch. Gedichte des M. A. I, 62) und in dem Spielmannsgedicht von Salman-Morolf erhalten. Nach Wesselofskys Vorgang nenne ich die erstere Darstellung kurz den „ersten S. M.", die andere den „zweiten S. M.", von beiden kommt dem ersten S. M. die grössere Altertümlichkeit zu. Als die gemeinsame Quelle der slavischen und deutschen Tradition, von denen die erstere den Kern der Sage am treusten bewahrt hat, wird eine byzantinische Fassung angenommen, deren Grundzüge Vogt zu reconstruieren versucht hat.[1]

---

[1] Ueber die Entwicklungsgeschichte der Sage ist zu vergleichen: Vogt, Eltg. zur Ausgabe des Sal.-Mor. (1880), p. XLI fg., Beer, Beiträge XIII (1887) p. 99 fg., Wesselofsky, Archiv f. slav. Phil. Bd. VI (1882), 393 fg. und 548 fg. Wesselofskys frühere Schrift, Slavische Ueberlieferungen über Salomon und Centauros etc. Petersburg 1872, war mir nicht zugänglich.

Im Folgenden sollen die Nachahmungen, welche die Motive dieser Salomosage im deutschen Volksepos erfahren haben, im Zusammenhang betrachtet werden. Als Anhang füge ich die mir bekannt gewordenen französischen Nachbildungen hinzu. In den Bylinen sowohl wie in dem 2. S. M. geht der eigentlichen Entführung der Gemahlin Salomos eine Scene voraus, in der der nachmalige Entführer seine Untertbanen über die zu wählende Frau um Rat frägt. Nach Byline A schmaust ein schöner Kaiser Vasilj Okuljevič mit den Grossen seines Reiches und fordert in heiterer Stimmung die Zechenden auf, ihm eine an Wuchs, Schönheit und Verstand ebenbürtige Braut auszufinden. Ein gewisser Ivaška macht sich anheischig, die schöne Kaiserin Salamanija ihrem Gatten Salomon (der in B in Jerusalem wohnt) zu entführen und seinem Herrn zu bringen. In etwas anderem Zusammenhang hat die Version F (s. Arch. VI, 551) diese Scene. David ermahnt Salomon ein Weib zu nehmen, dieser will keine andere als eine ihm gleiche, es wird eine in Persien gefunden, die schönste von aller Welt, und herbeigeholt; hierauf folgt die Erzählung, wie der König von Cypern beschliesst, Salomons eben gewonnene Gattin zu erlangen. Die Beratungsscene zielt in A auf die Entführung einer bereits vermählten Frau, in F auf die Entführung einer unvermählten ab, die typischen Züge der Scene fanden also für beide Fälle Verwendung, doch scheint die erstere Verwendung die ursprünglichere zu sein. Ohne dass eine Beziehung zur Salomosage vorliegt, findet sich das Motiv in russischen Traditionen, über die Heinzel Anz. f. d. A. IX, 243 aus einer Schrift Kirpičnikos Mitteilungen gemacht hat. Die entsprechende Situation des 2. S. M. ist der Bylinenform am ähnlichsten. Fore versammelt seine Mannen und fordert sie auf, ihm eine schöne und ebenbürtige Gattin zu nennen, einer der Vasallen schlägt Salmans Gattin Salme vor, und Fore ist entschlossen sie dem Salman zu entreissen. Da diese Beratungsscene in den Hauptzügen übereinstimmend in der slavischen wie in der deutschen Fassung berichtet wird, so können wir annehmen, dass sie auch schon in der byzantinischen Grundform enthalten war, woraus sich ergiebt, dass dies Motiv ein der Salomosage besonders eigentümliches war, und dass es sich von hier aus weiter entwickelt hat. Wir finden es im deutschen Volksepos sehr häufig und zu einer typischen Form herausgebildet. Es ist freilich wahrscheinlich, dass diese Situation mit ursprünglich germanischen Sagenmotiven zusammengetroffen ist, denn der Inhalt dieser Scene ist so allgemeiner Natur, dass er sicher auch in der deutschen Sage vorhanden war, aber die Form der Darstellung wird sich jener der Salomosage entlehnten Schilderung nicht haben entziehen können. Es ist natürlich, dass diese Scene auf deutschem Boden einen bestimmten, einheitlichen, im einzelnen von der slavischen Version abweichenden Charakter erhalten hat, und dass sich weitere Motive daran angeschlossen haben.

Das Motiv findet sich erstens in Dichtungen, die, wie wir weiter unten sehen werden, den Einfluss der Salomosage auch anderweitig erfahren haben, so ausser dem Sal.-Mor. im Rother bei der Erwerbung von Constantins Tochter, im Orendel bei der Erlangung Brides (Teil II), im Oswald bei der Heimführung Pamiges, Tochter des Aron in der Spielmannsredaktion (a) ed. Ettmüller und in der legendarischen Redaktion (b) in der Z. f. d. A. II, 92 fg.) bei der Werbung um Spange, im Otnit bei der geplanten Verheiratung des Helden mit der Tochter Machorels im D.H.B. III Avent. I., sodann in der Gudrun a bei Hettels Werbung um Hilde (Str. 204 fg.), b bei der Hartmuts um Gudrun (587 ff.), denen sich die sehr kurzen Beschlussfassungsscenen bei der geplanten Vermählung Sigebants (Str. 1 ff.) und Hagens (163 fg.) — c und d — anschliessen. Sonst begegnet diese Situation in Dichtungen, die der Salomosage durchaus fernstehen, so im Wolfdietrich B Str. 9 fg., wo es sich um Hugdietrichs Vermählung mit Hiltburg, Tochter Walgunts von Salnecke handelt, im Herzog Ernst bei der beabsichtigten zweiten Vermählung König Ottos mit der Herzogin Adelheid (ed. Bartsch, B v. 257 fg.), das Nibelungenlied enthält die Situation dreimal, bei Gelegenheit des Heiratsplanes Siegfrieds mit Kriemhild (Avent. III), Gunthers mit Brynhild (Avent. VI) und Etzels wiederum mit Kriemhild (Avent. XX) — Nib. a. b. c. Schliesslich ist noch die Darstellung in Dietrichs Ahnen und Flucht (D.H.B. II) zu erwähnen, a bei der in Aussicht genommenen Vermählung Dietwarts mit Minne, Tochter des Ladiner (785 fg.), b bei derjenigen Sigehêrs und Amelgarts, Tochter des Pallus von der Normandîe (1885 fg.), c bei derjenigen Otnits mit Liebgart, Tochter des Godian von Galamê (v. 2118 fg.). Alle diese Dichtungen gehören in formeller Hinsicht den verschiedensten Gattungen der mhd. Poesie an. In die eigentliche, niedere Spielmannspoesie gehören der S.M. Or. Osw. und auch der Roth., aber mit einer Hinneigung zum Heldenepos. Dies letztere ist durch seine Hauptwerke, Nib. und Gud., vertreten. Eine Art Mittelstellung zwischen Heldendichtung und der eigentlichen Spielmannspoesie nehmen Otn. und Woltdietr. ein, der Herzog Ernst steht isoliert. Dietr. Ah. und Fl. zeigen Einfluss der höfischen Kunstdichtung. Dementsprechend weist denn auch die uns interessirende Scene die verschiedensten Stilarten auf.

Der Gegenstand der Berathung ist immer die Erlangung einer Gattin, im S. M. ist es eine bereits vermählte Frau, in allen andern Dichtungen, deren sagengeschichtlicher Kern meistens ursprünglich germanisch ist, ist es eine Jungfrau, die erworben werden soll (in Nib. c handelt es sich um eine Witwe, Siegfrieds frühere Gemahlin Kriemhild). Die isolierte Stellung des S. M. im Verhältnis zu der Einheitlichkeit der deutschen Nachahmungen ist sehr bemerkenswert. Während die Beratung zur Brautwerbung wie auch die Brautfahrt selbst in Gud. a—d, Nib. a und b, Wolfdietr. und Herzog Ernst rein episch vorgeführt wird, ist in die anderen Dichtungen mehr oder weniger ein Gegensatz zwischen Christentum und Heidentum im Geist des Mittelalters hineingearbeitet. Im S. M. ist der altjüdische König Salomo zum Vertreter des Christentums gemacht, dessen Herrschersitz wie in der Byline B Jerusalem ist, und ihm steht der heidnische Entführer Fore gegenüber. Im Otnit und Oswald ist die zu erwerbende Jungfrau eine Heidin, der werbende Held ein Christ. Im Roth. tritt zwar bei der Gewinnung von Constantins Tochter der religiöse Gegensatz nicht hervor, ebenso wenig in der Berathungsscene, aber am Schluss des Gedichtes werden Ymelot und Basilistium als Heiden eingeführt. Im Or. ist Bride Königin über Heiden und Christen (222) und ihr Land muss vor den Angriffen der Heiden geschützt werden. Im Nib. c erscheint Etzel der christlichen Kriemhild gegenüber als Heide (175 s, C) und sie hat deshalb Bedenken sich mit ihm zu vermählen (192 s). In dem religiösen Princip schliessen sich die Spielmannsgedichte einschliessl. Otn. und Roth. dem S. M. näher an, während Nib. und Gudr. ohne dasselbe für sich stehen, in Nib. c ist das geistliche Motiv erst aus der Spielmannspoesie eingedrungen.

Sehen wir von dem Hinweis auf die Quelle ab, auf die sich einige Dichtungen am Anfang berufen (Or. 155, Osw. a 6; Roth. 16, Otn. 1, 2), so bringen alle Darstellungen einige einleitende Bemerkungen über den werbenden Helden. Das Typische tritt überall hervor, aber es ist den Bedürfnissen des besonderen Falles nicht ohne Geschick angepasst. Der Ort der Herrschaft des Helden, der Umfang und die Macht seines Reiches, die Zahl seiner Lehnsmannen und seine persönlichen Eigenschaften werden überall hervorgehoben. Der Fore des S.M. ist *anderhalp dem sê* gesessen, ihm dienen 36 Herzöge, 50 Grafen und 16 heidnische Könige, seinem Wesen nach ist er stolz und übermütig (21—23). Rothers Herrschersitz ist *bî dem westeren mere* zu Bare, ihm dienen 72 Könige, er war der aller hehrste König, der zu Rom die Krone empfing (1—11). Oswald ist König von England, ihm dienen 12 Könige, 24 Herzöge, 30 Grafen (zusammen 72 Mannen), dann 9 Bischöfe, Ritter und Knechte; Freigebigkeit und Frömmigkeit zeichnen ihn aus. Otnit herrscht in Lamparten, viele Fürsten müssen ihm Zins zahlen, Brissen und Berne, auch

Rôm und Lâterân sind ihm unterthan, auf Garte stehen täglich
72 Dienstmannen zu seiner Verfügung; ausgezeichnet durch die
Kraft von 12 Mannen, hat er schon in der Jugend nach Herrschaft gestrebt und Länder bezwungen (3—6). In Gud. a ist
Hettel in Tenelant (204), in Hegelingen (207) gesessen, hier
besitzt er mehr als 80 Burgen, wo ihm die Dienstmannen täglich
mit Ehrerbietung dienen, mehrere Marken sind ihm unterworfen,
Wate und Horant stehen ihm sehr nahe, ersterer hat ihn erzogen;
durch Kühnheit zeichnet sich Hettel aus (204—208). In Gud.
b fehlt eine solche Einleitung. In Gud. c ist Sigebant Herrscher
von Irland, seine Mutter ist Uote, sein Vater ist Gêre, der viele
Burgen und das Land von 7 Fürsten besitzt, in denen ihm
mehr als 4000 Mannen täglich zu Gebote stehen. Sigebant
wird am Hof in allen ritterlichen Künsten erzogen und soll zum
Ritter gemacht werden 1—4. (Die Schwertleite folgt erst nach
der Brautwerbung, aber vor der Vermählung). In Gud. d 167
wird Hagen in der Weise unserer Situation kurz eingeführt,
von seiner Kraft und seiner Schwertleite wird erzählt. Bei
Siegfrieds Brautfahrt giebt Avent. II einen ausführlichen Bericht
über des Helden Jugenderziehung und Schwertleite. In Nib. b
und c bedurfte es keiner besonderen Hervorhebung der werbenden
Helden, da Gunther und Etzel schon aus dem Vorhergehenden
bekannt waren. Aber in b Av. VI wird unserem Schema
entsprechend die umworbene Brynhild eingeführt, sie ist *gesessen
über sê* und durch Schönheit und Kraft bevorzugt. Im Wolfd.
wächst Hugdrietrich in Constantinopel auf, sein Vater ist König
Antzius, dem der treue Berhtung dient, dieser übernimmt die
Erziehung des Helden bis ins 12. Jahr. Der Or. beginnt mit
dem Vater des Helden Ougel, der König in Trier ist und dem
12 Königreiche unterthan sind. Sein Sohn Orendel ist besonders
liebreich erzogen und empfängt im Alter von 13 Jahren am
Stephanstage das Schwert, worauf er in einer Kapelle zur
Jungfrau Maria betet (155—189). In dieser Einleitung berühren
sich der knappen Form der Darstellung nach der S. M. Roth.,
Osw., während im Otnit und Wolfdietr., besonders in Gud. a
und c und Nib. a auch die Namen und Eigenschaften der Eltern
des Helden, seine Jugend und seine Schwertleite Erwähnung
finden und die Zahl seiner Besitzungen und Lehnsmännern ausführlich geschildert werden. Der Or. gehört in die erste Klasse
von Dichtungen, nähert sich aber der zweiten, indem er vom
Vater des Helden und der Schwertleite des Sohnes zu berichten weiss.

Nun setzt überall das Brautwerbungsmotiv ein. Die
Dichtungen teilen sich in zwei Gruppen, in der einen entsteht
der Entschluss, ein Weib zu freien, in der Brust des Helden

selbst, in der andern sind es seine Mannen oder Verwandten, die ihn zur Heirat zu bewegen suchen. In die erste Klasse gehört in Uebereinstimmung mit den Bylinen der S.-M. Der Entschluss des Helden wird hier sofort in der Ausführung dargestellt, Fore tritt vor seine Mannen und bittet sie wegen seiner Vermähluug um Rat. Auch Or. tritt entschlossen vor seinen Vater und verkündet ihm seine Absicht, Oswald ist selbständig in der Beschlussfassung, aber nur in a. Die kurze, springende Darstellung des S.-M., die an das Volkslied erinnert, tönt noch im Or. und Osw. nach. In kunstgemässerer Form drücken Nib. a und Wolfdietr. die Absicht des Helden aus, von Siegfried heisst es in beliebter Wendung *dô gedâht ûf hôhe minne das Sigelinde kint* oder *sit daz er ûf minne vlîzen sich began* (Nib. C), *sît er ûf stæte minne tragen wolde wân* (ibid. A. 49), von Hugdietrich *nâch einer schœnen frouwen sô stât mir der muot* (10₁). Häufiger begegnet das Motiv der zweiten Gruppe. Im Roth. raten die jungen Grafen zur Heirat, im Wiener Oswald (b) die Mannen, in Gud. d sind es die Verwandten, in Nib. b *die hôsten mâge*, in c die *friunde* Etzels, im Otnit *die sîne* (7₂), in Gud. a *die besten* (210₁). — Hierher gehört auch Dietr. Ah. und Fl. a, b, c. In Gud. b hat die Mutter Hartmuts, Gêrlint, die Rolle des Beraters, in c Uote, die Mutter Sigebants, erhalten. — Einige Dichtungen geben noch besondere Gründe für die Notwendigkeit der Heirat an: die Rücksicht auf die Erbfolge Roth. 21—32, Wolfdietr. 10₆, im Oswald (a, v. 49) hebt sogar der Engel die Folgen der Erblosigkeit nach dem Tode des Helden hervor. Verstärkt wird das Motiv durch den gerade eingetretenen Tod der Eltern des Werbenden, Oswald ist Waise, Hettels Eltern sind gestorben (209), Sigebants Vater Gêre stirbt (5); vergl. Dietr. Ah. und Fl. v. 1895. Im Wolfd. wird eine detaillierte Sterbescene beim Ableben von Hugdietrichs Vater gegeben (4—8), Etzels zweite Werbung wird durch den Tod seiner ersten Frau Helche begründet.

Zur Ausführung des Vermählungsplanes bedarf sowohl der Herrscher, der selbst die Initiative dazu ergriffen hat, wie derjenige, der erst durch seine Mannen dazu bestimmt wurde, des Rates der letzteren oder seiner Angehörigen. An diese richtet nun der Held die Frage, ihm eine passende Frau zu nennen, sie wissen aber anfangs keinen Vorschlag zu machen, bis schliesslich der Bedeutendste unter ihnen hervortritt und die zu erwählende Braut bezeichnet. Mit dieser Frage tritt im S.-M. Fore vor seine im Saal versammelten Mannen, diese geben eine negative Antwort, worüber der König unwillig wird, da tritt ein greiser, länderkundiger Vasall hervor und nennt die Salme.

Oswald fragt dem geistlichen Charakter der Dichtung entsprechend in voller Naivität zuerst Gott um Rat und erhält durch einen Engel wenigstens allgemeine Auskunft, nun beruft er seine Lehnsträger zu einer dreitägigen Versammlung, die aber ergebnislos bleibt, und schickt seine Mannen wieder in die Heimat, schliesslich weist der zu diesem Zweck eingeführte Pilger Warmunt, der dem *altgrisen man* des S.-M. entspricht, auf die Pamige. Auch Otnit bittet seine Mannen und Verwandten ihm zu einer Frau zu verhelfen, aber nach fünftägiger Beratung lassen sie durch Helmnot von Tuscan verkünden, keine Würdige finden zu können, bis Yljas von Riuzen, der bewährte Ratgeber des Helden, die Tochter Machorels nennt. Hugdietrich wendet sich zuerst an Berhtung, der aber im eigenen Lande keine passende Frau nachweisen kann, dann versammelt er die Mannen, aus deren Mitte nunmehr Berhtung die Hiltburg vorschlägt. In Dietr. Ab. und Fl. a schweigen die Mannen auf die Frage des Herrn, schliesslich nennt ein ungenannter Ritter, dem 60 Länder bekannt sind, die zu Erwerbende, die hier im Stil der höfischen Epen als *âmîe* (911) bezeichnet wird. Orendel sucht bei seinem Vater Rat, der anfangs über die Frage in Verlegenheit gerät, dann aber Bride von Jerusalem vorschlägt; die Versammlung der Mannen und das Hervortreten des Einzelnen fehlen hier. Wie der Or., weicht auch der Roth. etwas von dem Schema der vorhergenannten Dichtungen ab. Der Herrscher gesteht seinen Unterthanen, dass er selbst keine geziemende Frau kenne, diese flüstern sich untereinander einen Namen zu, worauf Luppolt den positiven Rat erteilt Constantins Tochter auszuwählen. Im Herzog Ernst bittet Otto die Grossen seines Reiches, ihm eine Frau zu nennen, diese beraten unter sich und entscheiden sich für die Herzogin Adelheid. Am reinsten ist die Situation im S. M., Osw., Otn. und Wolfd. ausgeführt, weniger klar im Or. und Roth. Aber alle Dichtungen sind etwas ausführlicher als der S. M. Nur sehr wenig sind die Nib. und Gudr. in diesem Punkt von dem Schema berührt. Das Gerücht von der Schönheit Kriemhildens, Brynhilds und Gudruns hat Siegfried, Günther und Hartmut zu ihrer Wahl geführt (Nib. C 8 1, 50 2; Gud. 587), daher ist eine Befragung der Mannen unnötig. In Gudr. a rät Morung auf Hettels Frage sofort zu Hilde, und Etzels Mannen bitten von vorneherein um die Heirat mit Kriemhild.

Die erste Forderung, welche die zu wählende Braut erfüllen muss, ist in allen Dichtungen ihre Ebenbürtigkeit mit dem werbenden Helden aus königlichem Blut. Dazu werden besonders zwei Formeln verwandt, *daz er ein wîp nême dî ime zu vrouwen gezême* Roth. 25, die weiteren Belege s. bei Berger

Orendel zu 196 und Vogt, Z. f. d. Phil. XXII, 491, füge hinzu Nib. C. 8 ᵦ *daz er eine næme, diu im möhte zemen. dô sprach der herre Sîfrit: sô wil ich Kriemhilde nemen;* Dietr. Ah. u. Fl. 1907 *daz er ein wip næme, diu im wol gezæme.* Ein anderer Formeltypus ist Wolfd. B 11 ₐ *ich gesach nie mit ougen frouwen noch magedîn, die dir hie ze lande mugen genôzsam sîn;* ibid. 14 ₄ . . . *umbe ein megetîn, diu mir hie ze frouwen müge wol genôzsam sîn;* Osw. a, 160 *und diu ouch wol sî min genôz,* ibid. 176 *wir ne finden niene iuwer genôz.* Otnit 8 ₐ *wâ ich ein frouwen vinde, diu mir genôzsam sî.* Die Gudr. deutet die Ebenbürtigkeit in anderer Wendung an (210). Die Erwählte stammt meistens aus einem überseeischen Land und kann nur durch Seefahrt erworben werden. Salme wohnt *über den wilden sè* (28 ₐ), Bride *über des wilden sèwes fluot* (Or. 214), Brynbild ist *über sè* gesessen (C, 49 ᵦ), Constantin ist ein König *ôster over sè* (Roth. 65), in Dietr. Ah. u. Fl. ist die Minne *im Westen mer* (900), Godian und Liebgart *über mer* gesessen (2134), im Osw. rät der Engel zu der heidnischen Prinzessin über See zu fahren, auch im Otnit und Gud. a und b (hier aber erst von Str. 600 an) handelt es sich um eine überseeische Königstochter. Im S. M., Or., Roth., Osw., Otn. handelt es sich um eine Seefahrt nach dem Osten, nach Palästina, sie verdankt dem Einfluss der Kreuzzüge ihre Entstehung. Nur in Nib. a u. c und im Wolfdietr. erfolgt die Brautfahrt von Land zu Land. Allen Dichtungen gemeinsam ist das Lob der Schönheit der auserkorenen Frau, meistens aus dem Munde dessen, der sie vorgeschlagen hat. S. M. begnügt sich mit einer sehr knappen Bemerkung (v. 29) über Salmes Schönbeit, im Or. heisst Bride kurz *die schœnst ob allen wîben,* auch die Schilderung Pamiges durch den Pilger hält sich in einfachen Grenzen. Nib. Gud. und Wolfd. weisen noch einfache Formeln und keine Vergleiche auf (Gudr. a 211 ₂ *ich weiz eine maget . . . . daz deheiniu lebet sô schœniu nindert ûf der erde,* vergl. 226 ₂, 169 ₂, 587 ₂, Nib. 8 ᵦ (a), 49 ᵦ (b), 176 ₄ (c), und Wolfdietr. 16 ₂). Nur Roth. und Otn. zeichnen sich durch kunstgemässe Vergleiche aus: *siu lûchtit ûz deme gedigene, sô daz gesterne tuot von dem himele. siu lûchtit vor anderen wîben, sô daz golt von der sîden* (Roth. 71 ff.) und *si liuht ûz allen frouwen, als daz schœne golt tuot neben krankem blîe; si liuht ûz allen wîben reht als diu rôse tuot* (Otn. 15). Neben dem Adel der Geburt und der Schönheit werden im Osw. noch die Tugend, der Ruhm und die Klugheit der Erwählten in zweiter Linie erwähnt, der Wolfdiet. giebt eine grössere Aufzählung von Tugenden, die sich in Hiltburg vereinigen (16). Ein besonderer Ansporn zur Werbung liegt für Osw. in dem

heimlichen Christentum Pamiges, die er durch die Taufe ganz
für dasselbe zu gewinnen hofft; dieselbe Absicht hat Otnit (25 ₄).
Allein der Ausführung des Vermählungsplanes stellen sich
schwere Hindernisse entgegen, weshalb die Mannen oder
Angehörigen aus Furcht vor Unglück raten, von dem Unternehmen
abzustehen. Um Constantins Tochter hat keiner geworben: *er
môste den liph virloren hân* (Roth. 83), *er nemôste sîn hôvet
virlorin hân* (ibid. 337), denn der Vater verweigert sie jedem
Freier. Auch König Aron lässt jedem Bewerber um Pamige
das Haupt abschlagen, um — hier folgt eine nähere Begründung
— nach dem Tode seiner Frau die eigene Tochter zur Gattin
zu nehmen (Osw. 311 fg.). Mit denselben Motiven weist Machorel
die Bewerber ab: *der gebat nie man, er hiete daz houbet sîn
verloren* Otn. 11 ₄, *swer in botscheften der frouwen ie gebat,
der muoste den lip verliesen durch die künegîn* 14 ₃, in der
Hauptstadt Machorels, Muntabûre, hängen 72 Häupter von
getöteten Freiern (Str. 19, vergl. 375 ₄), der Grund der grausamen
Abweisung ist: *swenn im dic muoter stirbet, so wil er die
tochter neman* (21 ₄). Das Motiv ist sogar in Dietr. Ah. und
Fl. c übergegangen *si kund nieman gewinnen, ez muoste im
an sîn leben gân. swer in sîner tochter bat, dem sagte er
an dem leben mat* 2142. Auch Walgunt hat geschworen, seine
Tochter bei Lebzeiten keinem Mann zu geben und sie in einen
Thurm eingesperrt Wolfdietr. 18. Im Nib. b muss der Held
in drei Kampfspielen die Umworbene besiegen und *gebrast im
an dem einen, er hêt daz houbet sîn verlorn* 50 ₄. Der
S.-M. kennt dieses Motiv natürlich nicht, da es sich hier um
die Gewinnung einer verheirateten Frau handelt, wir haben es
in den angeführten Dichtungen mit einer zweiten Brautwerbungs-
formel nicht germanischen Ursprungs zu thun (s. u.), die sich
mit der der Salomosage entnommenen vermischt hat. Abgeschwächt erscheint das Motiv in Gudr. a, Hettel fürchtet Hagens
Abneigung *swer werbe nâch ir minne, ez sî ir vater leit,
darumbe sî erstorben vil manic edel man* 213 ₂, Horant meint
*swer umbe Hilden wirbet, den heizet man dâ slahen oder
hâhen* 228 ₄; auch Wate und Hagens Kämmerer fürchten den
Tod der Boten (243 und 421 ₃). In Gud. b ist Hartmuts Vater
wegen der Werbung um Gudrun besorgt *boten under wîlen
möhten durch ir liebe vil verderben* (590 ₄) und fügt eine
neue Begründung hinzu *daz volc ist übermüete. Kûdrûnen
mâgen wæne ich sî wir smæhe* (593 ₄); in Nib. a fürchtet
man Gunthers Hochmut und den seiner Mannen, besonders
Hagens (9 ₃). Der Or. und Herzog Ernst kennen das Motiv
überhaupt nicht. — Trotz der Gefahren und der Warnungen
seitens der Mannen ist der Held entschlossen, seinen Plan

durchzusetzen. In einer zweiten Versammlung verkündet Osw. seinen Mannen seine feste Absicht, obwohl ihm der Pilger schon wieder abgeraten hatte. Auch Otnit beharrt bei seiner Absicht, obwohl Yljas schon seinen Rat bereut (17), und kann durch die Vorstellungen eines anderen Ritters (30) nicht wankend gemacht werden. Auch Gunther (50 $_4$), Siegfried (94 $_7$), Hettel (229), Hartmut (591) sind keiner Mahnung mehr zugänglich; schnell entschlossen sind auch Fore und Orendel.

Zur Ausführung der Werbung wird entweder ein Kriegszug, an dem der werbende Held selbst Teil nimmt, unternommen, oder es wird ohne thätige Mitwirkung des Helden eine Gesandtschaft abgesandt, auch beides kommt vor. Eine kriegerische Expedition wird im S. M., Or. und Otnit unternommen (in der ersten Dichtung wird zum Ansagen der Fehde ein Bote ausgesandt). S. M. und Otn. berühren sich hier besonders eng, insofern die Lehnsleute nacheinander dem Herrscher ein Angebot der Zahl von Mannen machen, die sie ausrüsten wollen. Auf Fores Bitte bietet ihm König Cyprian 4000 Mannen, der König von Duscân 5000 und Princian 6000 an, im Otn. versprechen Yljas 5000, Hiutegêr 72 Dienstmannen, jeder mit 100 Rittern, Helmnot von Tuscân 5000, Gêrwart dieselbe Zahl und Zacharîs von Sicilien 12 Schiffe und 20000 Mann zu stellen. In noch breiterer Ausführung bieten in der Rabenschlacht (D. H. B. II, Str. 38—75) die Grossen des Reiches Dietrich von Bern ihre Mannen zu einer Unternehmung gegen Ermanrich an. Der Or. hat eine eigenartige Scene, den Aufruf der Vasallen. Or. stellt die aus allen Teilen des Reiches herbeigeeilten Mannen nach dreimaligem Aufruf in drei Ringe auf, beim ersten Ruf melden sich 8 Könige, jeder mit 1000 Rittern, beim zweiten die Herzöge, Grafen und Dienstmannen, beim dritten die Knappen (s. Vogt, Z. f. d. Phil. XXII, 475). In Dietr. Ah. und Fl. c zieht Otnit mit Heeresmacht in das Land des sich weigernden Königs. Die Sendung einer Gesandtschaft wird im Roth., Gud. a und Nib. c beschlossen. Rother verhandelt mit dem Grafen Hermann über die Botensendung, dieser schlägt Luppolt vor, der geholt wird und den Auftrag übernimmt, die Gesandtschaft soll aus 11 Grafen, jeder mit 12 Rittern, bestehen. Eine weit ausgesponnene Scene bietet Gud. a. Morung rät zur Botensendung und schlägt Horant vor, dieser wird aus seinem Lande geholt und erscheint mit Frute, weigert sich aber, nun schlägt Frute Wate vor, auch dieser muss erst aus seinem Land herbeigerufen werden und nimmt die Botschaft an, 700 Ritter sollen dazu ausgerüstet werden (214—252). Kürzer ist Nib. c; hier überträgt Etzel dem Rüdiger von Bechlaren die Botschaft, da er Land und Leute in Worms kennt; dieser rüstet aus eigenen Mitteln 500

Mann aus. Auch in Dietr. Ah. und Fl. a und b vermittelt eine Gesandtschaft die geplante Verbindung, im Herzog Ernst schickt König Otto einen Boten mit einem Brief an Adelheid. Botensendung und Kriegszug folgen nacheinander im Osw. und Gud. b. Nachdem in der ersteren Dichtung der Rabe als Bote an Pamige ausgesandt und mit dem Bescheid zurückgekehrt ist, dass sie nur mit einem Heer ihrem Vater abgezwungen werden könne, versammelt er seine Mannen und fragt, wer von ihnen zu der Unternehmung bereit sei, worauf die Besten der Vasallen sich im Namen aller für die Beteiligung erklären (1481 fg.). Hartmut sendet in Gud. b zunächst Boten an den Hof Hettels, und als deren Anliegen abgelehnt wird, rüstet er eine Flotte zur gewaltsamen Entführung Gudruns aus. In Nib. a und b wird kein eigentlicher Kriegszug, sondern nur eine Reckenfahrt von dem Helden und seinen Helfern unternommen, der Held ist hier gleichsam sein eigener Bote. In Nib. a will Siegfried anfangs Kriemhild und Gunthers Land allein durch die Macht seines Schwertes erwerben, nimmt jedoch 12 Genossen auf die Fahrt mit; in Nib. b wird Gunther nur von Siegfried, Hagen und Dankwart begleitet. Die Reckenfahrt hat hier nur durch die persönliche Tapferkeit des Helden oder seines Helfers Erfolg, im Roth. wird zur List gegriffen. Nach Gefangennahme der oben erwähnten Boten geht Rother an Constantins Hof und giebt sich unter dem Namen Dietrich als ein von Rother vertriebener Recke aus. Indes gehört die Ausführung und der Erfolg der Sendung nicht mehr in unsere Betrachtung.[1]

Fassen wir die Hauptmotive unseres Schemas zusammen. Die Einleitung, welche über des Helden Herrschaft und Charakter gegeben wird, ist knapp und formelhaft im S. M., Roth., Osw., etwas ausführlicher im Otn., noch mehr erweitert in Gud. a, c, d, Nib. a und Wolfdietr. Von diesen steht Gud. a der Gruppe der Spielmannsgedichte am nächsten, der zu ihnen gehörige Or. zeigt Einfluss von Nib. und Gud. Nach dem Ursprung des Heiratsplanes erscheinen zwei Varianten, a) der Held ergreift selbst die Initiative dazu im S. M., Osw. a, Or., kunstgemässer im Wolfdietr. und Nib. a; b) der Rat geht von den Mannen oder Verwandten aus Roth., Osw. b, Otn., Gud. a, b, c. d, Nib. b und c. Die Mannen oder Angehörigen wissen

---

[1] An Einzelheiten sei noch bemerkt, dass in den Spielmannsepen den Mannen als Ermunterung zur Teilnahme Belohnungen an Geld und Land vom Fürsten in Aussicht gestellt werden, s. S. M. 31$_1$; Osw. 1497, auch im Otn. und Roth., Dietr., Ah. u. Fl. 999. Denen, die auf der Fahrt ihr Leben einbüssen, wird im Osw. 1497 und Otn. 26$_3$ das ewige Leben versprochen, vergl. dazu die Ausführung im Or. 261 fg.

auf die Frage des Helden anfangs keine passende Frau zu nennen, bis einer von ihnen hervortritt und einen Vorschlag macht, S.-M., Osw., Otn., Wolfdietr., weniger deutlich Or., Roth., fehlt in Nib. und Gud. Ein Hindernis der Werbung besteht in der Weigerung des Vaters, die Tochter frei zu geben und der voraussichtlichen Tötung der Freier, a) mit der näheren Begründung des beabsichtigten Incestes mit der Tochter: Osw., Otn., b) abgeschwächt in Gud. a, c) mit der weiteren Begründung des Hochmuts auf Seiten des Vaters der Braut: Gud. b, Nib. a; verwandt ist die Lösung schwerer Aufgaben im Kampfspiel und Tötung des Freiers im Fall des Misslingens Nib. b. Die Ausführung der Werbung erfolgt 1) durch einen Kriegszug mit Beteiligung des Helden: S.M., Otn., Or., die beiden ersten Gedichte haben ausserdem das Angebot der Mannen gemeinsam, der Or. hat einen Aufruf der Lehnsleute, 2) durch Sendung einer Gesandschaft ohne Teilnahme des Helden: Roth., Gud. a, Nib. c, H. Ernst, 3) durch Botensendung und Kriegszug Osw., auch Gud. b, 4) a] durch persönliche Tapferkeit des Helden oder seines Helfers Nib. a und b, b] durch List Roth. (nach der erfolglosen Sendung der Gesandtschaft) und Wolfdietr. Es ergiebt sich, dass das Schema der Beratungsscene in der Gruppe der niederen Spielmannspoesie am reinsten, in den grossen Volksepen zwar in edlerer Form, aber inhaltlich abgeschwächt erhalten ist, in letzteren ist es ausserdem durch Weiterungen bereichert. Wir können daraus schliessen, dass das Motiv aus der Spielmannspoesie, in der es recht eigentlich heimisch war, in die höhere Epik übergegangen ist. Von den Jongleurdichtungen stehen der Osw. und besonders der Otn. dem S.-M. am nächsten, weniger Roth. und Or., Wolfdietr. und Roth. zeigen eine Hinneigung zum Volksepos höheren Stils.

Als die eine Quelle dieses Schemas wurde schon die Salomosage erwähnt. Was dem S.-M. fehlt, ist die Abweisung der Freier durch den Vater, die in den übrigen Gedichten sehr wohl angebracht war, da es sich um die Erwerbung einer Jungfrau handelt. Diese Tradition ist die bei den verschiedensten Völkern belegte „Brautwett"-(Turandot)formel, wie sie Hahn genannt hat, s. seine Nachweise Griechische Märchen I, 54. Auf die mittelalterlichen Darstellungen dieses Motivs sind m. E. die ersten Kapitel des griechischen Apolloniusromans von Einfluss gewesen. Hier weist der König Antiochus alle Freier um die Hand seiner Tochter ab, da er thatsächlich den Incest mit der Tochter begangen hat; Otnit und Osw. schwächen die anstössige Erzählung dahin ab, dass der Vater nur die Absicht hat, dies zu thun und auch erst nach dem Tode der eigenen Gattin. Antiochus lässt den Freiern, die das aufgegebene Rätsel nicht lösen, das Haupt abschlagen und ihre Häupter *super portae fastigium* aufstecken, wie im Otnit. Ueber die Verbreitung des Schändungsmotives s. die Zusammenstellungen, auch aus deutschen Märchen, bei E. Rohde, Griechischer Roman p. 420 und besonders bei E. Cosquin, Contes populaires de Lorraine I, 275 fg. zu Nr. 28. Wir gehen nunmehr zur Entführungsgeschichte der Salomosage über. In den Bylinen zieht Ivašca, der sich erboten hatte, Salomons Gattin Salamanija, für seinen Herrn, den Vasilj Okuljevičs, zu rauben, auf einem phantastisch geschilderten Schiff übers Meer, landet im Reiche Salomons und erhält nach Ueberreichung von Geschenken die Erlaubnis, mit den mitgebrachten Waaren Markt zu halten. Die Herrscherin wird zur Besichtigung der Waaren auf das Schiff geladen, hier bewirtet und berauscht, indes fährt das Schiff ab, darauf wird sie dem Kaiser vermählt. Die Entführung erfolgt hier durch das sog. Krämermotiv, die Berauschung ist nur secundär. In D ist der abgesandte Bote ein Zauberer, er zieht auch als Zauberer aus, aber die zu Entführende wird nicht auf das Schiff gelockt. Salomon lädt vielmehr, von einem Purpurmantel des Fremden entzückt, diesen zur Tafel ein und hier verbreitet der Zauberkundige über ihn und seine Leute Finsternis, lässt auch über die Königin einen Schlaf kommen, nimmt sie in bewusstlosem Zustand auf den Arm und trägt sie aufs Schiff; sie erwacht erst am andern Morgen, als das Schiff schon längst abgefahren ist. Wie in den Bylinen geschieht die Entführung zu Schiff, die Verkleidung als Kaufmann ist aber nur das Mittel, um in den Palast zu gelangen, der Hauptaccent liegt in der Betäubung der zu Entführenden. Während in den Bylinen und in D Salomos Gattin gewaltsam gegen ihren Willen entführt wird, wird sie in E und F durch die Geschenke des Gesandten bethört, und ist selbst bereit, dem Entführer zu dem neuen Gatten zu folgen. Im 1. S.-M. wird Salomos Gattin durch einen namenlosen Heiden, im 2. S.-M. wo sie Salme heisst, durch Fore entführt. In beiden Dichtungen ist Salomos Weib mit dem Entführer im Einverständnis, so dass sich eine allgemeine Berührung mit den russischen Texten E und F ergiebt. Die beiden deutschen Fassungen kennen die Entführung vermittelst der Kaufmannsverkleidung überhaupt nicht, sondern nur das Motiv der Betäubung, aber in ganz anderer Form. Die mit der Kunst der Zauberei bekannten Spielleute des 1. S.-M., welche hier die Rolle des Gesandten und Entführers spielen, können mit dem Zauberer der slavischen Version D verglichen werden (s. Wesselofsky, a. a. O. 407), aber die Art, in der ihre Zauberkünste bei der Entführung zur Geltung kommen, ist in der deutschen und russischen Tradition verschieden. Im 1. S.-M. stellt sich

Salomons Gattin krank, zwei von dem Heiden gesandte Spielleute geben vor, die Kranke durch ihr Spiel heilen zu können, in Wirklichkeit stecken sie ihr ein Zauberkraut in den Mund, das bewirkt, dass sie wie tot zu Boden fällt. Im 2. S.-M. steckt der Spielmann der Salme das Kraut auf dem Gang zur Messe zu, und sie selbst geniesst es nach derselben. Morolfs Probe der Scheintoten, indem er ihr geschmolzenes Blei durch die Hand giesst, bleibt erfolglos. Da die Königin nun für wirklich tot gehalten wird, gelingt es den Spielleuten sie im 1. S.-M. in der dritten Nacht zu entführen; im 2. S.-M. lässt der König sie in einen goldenen Sarg legen, am dritten Tage wird sie entführt, am fünften geht Salman zum Sarge und findet ihn aufgebrochen und leer. Die Wiedererlangung der Geraubten durch Salomo zeigt in den slavischen Volksliedern und Prosatexten wie in den deutschen Fassungen keine grundlegende Verschiedenheit. Auf die Kunde von dem Verlust seiner Gemahlin sammelt Salomon in den slavischen Texten ein Heer geflügelter Rossmenschen, im deutschen S.-M. ein Heer von Kriegern und erteilt ihnen den Befehl, dass sie auf seinen dreimaligen Hornstoss zu seiner Hülfe herbeieilen sollen (das Einzelne s. weiter unten). Er selbst zieht in A als Pilger verkleidet über das Meer und geht in den Palast der Kaiserin, nachdem er in B und C sein Heer in der Nähe der Stadt verborgen hat. Die Kaiserin erkennt ihren früheren Gemahl sofort, in A überliefert sie ihn ihrem Gatten bei dessen Heimkehr, in B empfängt sie ihn anfangs freundlich. In A rät sie selbst ihrem Gemahl, Salomo hinrichten zu lassen, in B wählt dieser sich selbst den Tod am Galgen. Vor der Hinrichtung bittet er zum letzten Mal in sein Horn blasen zu dürfen, die Kaiserin widerrät, doch der Kaiser gewährt es. Auf jeder der drei Stufen des Galgens giebt Salomo ein Zeichen, und beim dritten Hornstoss ist das Heer zu seiner Befreiung da. Nach siegreichem Kampf wird Ivaška, der Kaiser und Salamanija aufgehängt, in F stirbt der Entführer an einem Aderlass, die ehebrecherische Königin wird von Rossen zertreten. Wie besonders in A empfängt auch in den deutschen Traditionen Salme den ebenfalls als Pilger verkleideten Gemahl mit höhnischen Worten und überantwortet ihn ihrem Gatten. Salomo wählt sich im 1. und 2. S.-M. selbst den Tod am Galgen wie in B, nach Beendigung des Kampfes am Galgen wird im 1. S.-M. der Heide gehängt und die Königin in einem Bad durch einen Aderlass getötet, dasselbe Schicksal erleiden im 2. S.-M. Fore und Salme, letztere aber erst nach einer nochmaligen Entführung und Befreiung.

Die deutschen Nachahmungen dieser Salomosage bestehen zunächst in solchen, die die charakteristischen Züge der Entführung und Wiedergewinnung auf eine andere Sagengestalt übertragen. Diese zerfallen in zwei Klassen, indem a) sowohl der Raub der Gattin wie ihre Befreiung herübergenommen werden, wie im Rother, in der Gudrun (aber in zwei verschiedenen Abschnitten der Dichtung) und im Otnit, oder b) indem nur die Wiedererlangung verwandt wird, wie im Orendel. Einzelne Motive aus beiden Teilen der Salomosage verwertet auch der Oswald. Anderer Art ist die Nachahmung der Sage in den Wolfdietrichen, hier werden die typischen Züge der Wiedergewinnung der Entführten auf ganz andere Motive übertragen und a zur Eroberung eines vorenthaltenen Erbes durch den rechtmässigen Besitzer und b) zur Befreiung von gefangenen Mannen durch ihren Herrscher verwandt.

Nachdem im Rother (bis 2987) die Werbung des Helden um die Tochter Constantins von Constantinopel, welche derjenigen des Osangtrix um Oda in der þs. entspricht, erzählt worden ist, folgt eine jüngere von der Salomosage beeinflusste Fortsetzung, die berichtet, a) wie Constantin die ihm von Rother entführte Tochter wiedererlangt, und b) wie dieser sie ihrem Vater wiederabnimmt. Ein Spielmann erbietet sich, seinem Herrn, dem König Konstantin, die geraubte Tochter zurückzubringen. Als Kaufmann verkleidet, zieht er mit einer Ladung von kostbaren Gewändern und Schmucksachen übers Meer, landet in Abwesenheit Rothers in Bare, schlägt dort seinen Kram auf, in der Absicht die Königin dadurch auf das Schiff zu locken. Der Dichter lässt das Motiv plötzlich fallen, um ein anderes einzufügen. Der Spielmann behauptet wunderkräftige Kieselsteine zu besitzen, die ihre Heilkraft nur durch Berührung seitens der Königin an Bord des Schiffes bewähren können. Die leichtgläubige Königin geht natürlich aufs Schiff, das schleunigst abfährt. Die Entführung geschieht also durch das Krämermotiv in Uebereinstimmung mit den Bylinen und russischen Prosatexten, aber ohne Berauschung und Betäubung, von einem Scheintod im Sinne der deutschen Salomogedichte ist nichts vorhanden. Nur insofern ein Spielmann im Rother die Entführung unternimmt, findet sich eine ziemlich unwesentliche Berührung mit dem 1. und 2. S.-M. Auf die Nachricht von dem Raub seiner Gattin zieht Rother mit einem Heer übers Meer, landet heimlich in der Nähe der Burg von Constantinopel und verbirgt hier das Heer. Es wird beschlossen, dass er als Waller verkleidet in Begleitung zweier Mannen auf Constantius Burg gehen und im Fall der Gefahr sein Horn ertönen lassen soll, worauf Asprian mit den Mannen zu Hülfe eilen will. Nun wird ein neues Motiv eingeführt, das sich aus den bekannten Fassungen der Salomosage nur unvollständig nachweisen lässt. Rother erfährt, dass seine Gemahlin gezwungen ist, sich mit Basilistium, dem Sohne des Ymelot, der Constantins Land erobert hat, zu vermählen. Er schleicht in den Hochzeitssaal, schlüpft unbemerkt unter einen Tisch und wird Zuhörer des Gesprächs. Durch einen Traum ist Constantin auf Rothers Erscheinen vorbereitet, auch die Heiden ahnen seine Ankunft. Rother giebt sich heimlich seiner Gemahlin durch einen Ring zu erkennen, sie kann ein verstecktes Lachen nicht unterdrücken, das Constantin als Zustimmung zu der neuen Ehe ansieht. Ymelot, mistrauisch geworden, behauptet, dass Späher König Rothers im Saale sind, Basilistium will sogar die Uebergabe des Ringes an seine Braut bemerkt haben. Nun befiehlt Constantin die Saalthür zu bewachen, und Rother sieht sich genötigt aus seinem Versteck hervorzutreten. Erst das Folgende stimmt wieder mit den bekannten Zügen der Salomosage überein. Basilistium stellt Rother den Tod in sichere Aussicht, lässt ihm aber die Wahl der Todesart frei, dieser fordert vor jenem Walde, wo er das Heer verborgen hat, am Galgen gehängt zu werden. Unter den Klagen seiner Gattin und seiner früheren Anhänger wird er auf den Richtplatz geführt. Seine Befreiung erfolgt durch ein doppeltes Mittel, einmal durch das Eingreifen des Grafen Arnold, der sich Rother für frühere Wohlthaten dankbar erweisen will, ein entschieden jüngeres Motiv, und dann durch das Motiv der Salomosage. Die Vermittlung beider wird dadurch hergestellt, dass Rother Arnold bittet, ihm die Fesseln zu lösen, um sein Horn blasen zu können. Auf das Signal bricht Asprian aus dem Walde hervor und vernichtet das feindliche Heer, Ymelot entflieht, Basilistium wird gehenkt, Rother erhält sein Weib wieder und kehrt heim. Durch die germanische Sage war die Entführung einer Königstochter durch Rother gegeben. Sollte hierzu eine Fortsetzung im Sinne der Salomosage erfunden werden, so konnte eine nochmalige Entführung nur durch den Vater der Entführten erfolgen und die Wiedererlangung nur durch den ersten Entführer. Da Constantins Tochter nach dem ersten Hauptteil des Rother mit eigener Einwilligung geraubt war, so konnte in der Fortsetzung zwischen dem Vater als Entführer und seiner Tochter kein Einvernehmen herrschen, daher durfte die Tochter den verkleideten Rother bei seiner Ankunft nicht verraten wie in einigen Fassungen der Salomosage. Eine wesentliche Stoffbereicherung ist dem Rother durch die Einführung des Freiers Basilistium zugeführt. Dass auch hier eine byzantinische Fassung mittelbar zu Grunde liegt, dürfte sehr wahrscheinlich sein, auch die Etymologie des Namens Basilistium, die sich mit βασιλεύς in Beziehung bringen lässt, weist darauf hin. Ueber die Beschaffenheit dieses Originals hat Wesselofsky

p. 554 eine Vermutung geäussert. Wenn er nach Analogie einiger russischer Traditionen und des französischen Bastars de Buillon annimmt, dass die Tochter Constantins (die Namen der deutschen Dichtung sind beibehalten) schon vor ihrer Entführung durch Rother mit einem König (Basilistius) verlobt war, so ist auffallend, warum nicht dieser Verlobter allein oder in Verbindung mit dem Vater die Braut dem Rother wiederabgewinnt. Im Text des deutschen Spielmannsgedichtes spielt Basilistius nur die Rolle des aufgezwungenen Freiers.

Die Gudrunsage wird gewöhnlich als ein Schössling der Hildesage aufgefasst, deren gemeinsamer Kern in der gewaltsamen Entführung der Hilde-Gudrun und in dem tragischen Tod ihres Vaters im Kampf mit dem Entführer besteht (W. Meyer, Beitr. XVI (1892), 516 fg.). In der weit altertümlicheren Fassung der Edda erfolgt die Entführung der Tochter Högnis durch Hedin auf einem Heerzug mit Gewalt. In dem deutschen Gedicht aber wird Hilde durch eine dreifache List, Gudrun der Edda entsprechend durch Gewalt geraubt. Hildes Entführung wird a) durch das uns interessierende Krämermotiv, b) durch das Motiv vom geächteten Recken und c) durch Horants Gesang in Scene gesetzt. Der letztere aus der polnischen Walthersage bekannte Stoff wird mit Recht für den jüngsten Bestandteil gehalten, in betreff der beiden andern hat Beer (Beitr. XIV, 561) dem Krämermotiv, Meyer (a. a. O. 531) dem im Rother ursprünglicheren Motiv vom geächteten Recken die Priorität zugeschrieben (dieses begegnet übrigens auch Wolfdietr. B 34 von Hugdietrich und Vilkinasaga cap. 73 von Etzel). Eine scharfe Scheidung lässt sich zwischen beiden Motiven nicht mehr durchführen. Frute erscheint als Repräsentant von Motiv a, Wate als der von Motiv b. Um Hilde, Hagens Tochter für Hettel zu erwerben, sollen Wate, Horant und andere Helden als Boten nach Irland gehen. Bei der Beratung über die Expedition schlägt Frute vor in Hagens Land in einem Kramladen Spangen und Armringe, Gold und Edelsteine, Waffen und Gewänder feilzubieten (Str. 251), der Plan wird nicht zu Ende geführt, muss aber doch im Sinne der Salomosage ergänzt werden. Wate macht unterdessen den andern Vorschlag, sich als vertriebene Recken des Königs Hettel auszugeben und um Aufnahme zu bitten. Die Botensendung Wates und seiner Genossen passt im allgemeinen zum Krämermotiv besser als zu dem folgenden Motiv, denn nach letzterem hätte Hettel selbst wie Rother die Fahrt unternehmen und sich als verbannter Held ausgeben müssen. Bei der Landung in Irland werden die Boten von dem Stadtrichter angehalten, dem sie sich in Gemässheit des ersten Planes als Kaufleute ausgeben. Nachdem sie ihren Kram aufgeschlagen, senden sie durch Horant als Dank für das ihnen gewährte freie Geleit kostbare Geschenke an den Hof. Hier nach ihrer Herkunft gefragt, nennen sie sich die vertriebenen Mannen Hettels nach Wates Kriegslist. Dann folgt ziemlich unvermittelt Horants dreimaliger Gesang, die Werbung für seinen Herrn und Hildes Zustimmung zur Flucht. Um diese zu bewerkstelligen, wird zwischen Morung und Hilde verabredet, dass er und seine Genossen Hagen um Abschied bitten sollen, und dass sie ihren Vater bitten soll, die Schiffe der Gäste besehen zu dürfen (409, 423), nachher bittet Wate Hagen nicht nur um Urlaub, sondern lädt ihn und Hilde zur Besichtigung der Schiffe, namentlich der vortrefflichen Verproviantierung ein (432 fg.). Als Hagen und die Frauen wirklich bei den Schiffen erscheinen, wird ausdrücklich der offenstehenden Kramladen und ihres kostbaren Inhalts Erwähnung gethan und den Jungfrauen geraten, sich Ringe zu nehmen, worauf Hilde mit den andern das Schiff betritt und entführt wird (Str. 442 fg., Meyer hat diese letztere Stelle nicht hinreichend gewürdigt). Das Vorliegende enthält unzweifelhaft das Krämermotiv im Sinne der Bylinen. In unserer Ueberlieferung sind die Motive b und c in dieses Hauptmotiv, wodurch die Entführung thatsächlich zu Stande kommt, eingeschaltet, und b und c sind als Einschiebsel von a zu betrachten. Man wird daher Beer gegen Meyer Recht geben, dass das Krämermotiv das ursprünglichste von den dreien ist. Hagen unternimmt zwar einen Rückentführungsversuch, der aber mit einer Versöhnung endigt, Hilde bleibt Hettels Gattin.

Gudrun, die Tochter Hettels und Hildes, wird mit Herwig, dem Königssohn von Seeland, verlobt, aber in Abwesenheit ihres Vaters von Hartmut, dem Sohn des Königs von der Normandie, mit Gewalt entführt. Hettel unternimmt sofort einen Rückentführungsversuch, wird aber im Kampf auf dem Wülpensand getötet und Hartmut gelingt es mit Gudrun zu entfliehen — dies ist die ursprüngliche Gestalt der Hildesage. Es folgt eine zweite jüngere, diesmal erfolgreiche Wiedergewinnung. Den Grundstock dazu gab die sog. Herwigsage, die Einzelheiten stehen unter dem Einfluss der Salomosage mit Anklängen an den Rother. Herwig fährt mit Wate, Frute und anderen Mannen über See in die Normandie, sie landen heimlich in der Nähe von Hartmuts Burg und verbergen das Heer in einem Tannenwald. Herwig und Ortwin, der Bruder Gudruns, erbieten sich auf die Burg zu gehen, um über Gudrun Erkundigung einzuziehen. Wate fürchtet, dass, wenn sie von Hartmut erkannt würden, sie sicher am Galgen gehängt würden. Herwig landet in einer Barke und trifft Gudrun waschend am Gestade, beide erkennen sich an ihren Brautringen, und Herwig verspricht sie am andern Morgen zu befreien. Gerlint bedroht die heimkehrende Gudrun mit harter Züchtigung, weil sie im stolzen Gefühl der nahenden Rettung die ihr anvertraute Wäsche ins Meer geworfen hat. Anscheinend um der Strafe zu entgehen, will sie jetzt, nachdem sie allen Werbungen Hartmuts widerstanden hatte, plötzlich seine Gattin und Herrscherin des Landes werden und schlägt selbst vor, durch Boten die Mannen zur Vermählungsfeier einzuladen. Aber sie kann nicht umhin, über die Klagen ihrer Genossinnen zu lachen, die nach Gudruns Einwilligung einem freudlosen Leben entgegensehen. Gerlint schöpft aus diesem hoffnungsfrohen Lachen Verdacht, sie weiss jetzt plötzlich, dass Boten von Gudruns Verwandten angekommen sind und warnt, freilich vergeblich, ihren Sohn vor den Anschlägen derselben. In diesen Scenen zeigt sich die Berührung mit dem Rother. Nach der Rückkehr Herwigs beschliesst Wate für den kommenden Tag den Angriff und erteilt den Mannen Befehle, was sie bei seinem dreimaligen Hornruf thun sollen. Am andern Morgen rücken die Hegelingen vor die Burg, Wate bläst das Horn dreimal, die Mannen eilen nacheinander zu den Fahnen, sitzen auf und reiten ab. Im Kampf tötet Herwig Hartmuts Vater, Wate die Gerlint, Hartmut wird gefangen und Gudrun schlichtet den Streit. Es folgt der ganzen Tendenz der Dichtung gemäss Versöhnung, Heimkehr und Vermählung. In der Salomosage (Redaktion E und 1. und 2. S.-M.) wird eine Kundschaft unternommen, um den Aufenthalt der Entführten in Erfahrung zu bringen, worauf der Held allein auf die Burg geht und sich seiner Gemahlin zu erkennen giebt. Die Gudrun vereinigt beide Scenen, obwohl der Aufenthalt Gudruns bei Hartmut bekannt war, in sehr geschickter Weise. Erst nach der Ankunft im Lande des Gegners unternimmt Herwig in Begleitung Ortwigs die Kundschaft, wozu es einer nochmaligen kleinen Seefahrt bedarf und trifft schon hier am Gestade die Gesuchte, der er sich zu erkennen giebt. Da Herwig nicht selbst auf die Burg geht und, in Bedrängnis geraten, ins Horn stösst, so hat in der Gudrun der Hornruf seine ursprüngliche Bedeutung als Ruf zur Rettung verloren, von Wate ausgeführt ist er nur noch ein militärisches Signal. Wegen des beabsichtigten versöhnlichen Schlusses konnte die Galgenscene nicht herübergenommen werden.

Im Otnit zieht der Held zur Erwerbung der Tochter Machorels über das Meer. Angesichts der Burg Suders wird er von den feindlichen Schiffen umringt, aber freigegeben, als er sich auf Alberichs Rat als Kaufmann ausgiebt und um freies Geleit bittet, während die Mannen unter Deck verborgen werden (Str. 243 fg.). Auch der *konstabel* oder *statrihtære* gewährt ihm Schutz und führt ihn selbst in den Hafen. Hier wird offenbar das Krämermotiv der Bylinen angeschnitten, besonders ähnlich ist die Gudrun bei der Landung Wates in Irland, der auch von einem Stadtrichter angehalten wird (s. o.). Nun übernimmt Alberich die Rolle des Liebesboten, Suders wird eingenommen, und vor Muntabure findet ein neuer Kampf statt, der durch das Eingreifen der Königstochter abgebrochen wird, wie auch Gudrun den letzten Kampf in der Normandie durch ihre Vermittlung beendet. Darauf erteilt Alberich Otnit einen Rat, der noch einen Anklang an das Thema der Salomosage zu enthalten scheint. Das Heer soll auf einer grünen Wiese hinter einem schützenden Berg verborgen werden, er selbst will mit Otnit auf die Burg gehen, die Mannen sollen sich inzwischen unter Führung des Yljas von Riuzen bereit halten und, wenn er ruft (ein Horn wird nicht erwähnt), zu Hülfe kommen. Beide gehen auf die Burg, Alberich entführt die Braut, und als er nebst Otnit von den nachsetzenden Heiden hart bedrängt wird, holt er das Heer selbst herbei, das nun den Kampf entscheidet.

In Abschnitt IX des Orendel wird Bride auf einer Pilgerfahrt zum heiligen Grab von zwei Vasallen des Königs Minolt gefangen genommen und auf die Burg Munteval gebracht. Sie weigert sich standhaft sein Weib zu werden und erduldet lieber die schlimmste Behandlung. Orendel erfährt von einem Pilger den Aufenthalt der geraubten Gemahlin, wodurch die Kundschafterfahrt der Salomosage ersetzt wird. Er rüstet ein Heer, fährt über See und landet auf Ises Vorschlag unbemerkt bei einem Röricht. Nachdem das Heer hier zurückgelassen ist, ziehen Orendel und Ise mit Schwertern bewaffnet in Pilgerkleidung (s. v. 3558) auf Minolts Burg. Bei ihrer Ankunft sehen sie, wie Minolt mit Gefolge aus seiner Burg heraustritt und bei Bride seine Werbung nochmals bestimmt wiederholt; sie beschliessen sich zunächst still zu verhalten. In dem Thorwart, dem Herzog Achill, erkennt Ise einen Verwandten, dieser erbietet sich freies Geleit beim König für die Ankömmlinge zu erwirken, obwohl er ihnen nicht verhehlt, dass ihre Entdeckung den Tod am Galgen nach sich ziehen würde. Am andern Morgen bringt Achill bei Minolt sein Gesuch vor, der, schon durch einen Traum auf drohende Ereignisse vorbereitet, Verdacht schöpft und die angeblichen Pilger herbeiholen lässt. Er erkennt sie sofort und droht ihnen mit dem Galgen. Um jeden Zweifel zu beseitigen, lässt er auf Princians Rat Bride hereinführen. Auf Befragen verneint sie, die Fremdlinge zu kennen, winkt ihnen aber heimlich als Zeichen des Einverständnisses zu und ändert jetzt ihr Verhalten Minolt gegenüber. Sie fragt ihn, ob er die Fremden freilassen würde, wenn sie ihn jetzt zum Mann nähme, worüber er sehr erfreut ist — Brides Verhalten erinnert sehr an die ähnlichen Scenen des Rother und der Gudrun. Sie fragt ihn weiter, was er mit Orendel thun würde, wenn dieser sie in ihrem Glück plötzlich stören werde, worauf Minolt ihm den Tod androht. Da Bride nach einer abweisenden Antwort Minolts an ihrer Rettung verzweifelt, so erklärt sie jetzt, ihren anwesenden Gemahl nicht preisgeben zu wollen. Diesen Augenblick hält Orendel zum Eingreifen geeignet, er ergreift sein verborgenes Schwert, stellt sich vor die Thür, um den Ausgang zu bewachen, aber Minolt entflieht in einen Thurm. Darauf bedrängen die heidnischen Könige Orendel und Ise. Das Heer Orendels wird durch einen Brief Marias benachrichtigt und eilt herbei, die Burg wird eingenommen, im Kampf schlägt Ise dem Pförtner den Kopf ab, auch Minolt wird getötet, da er sich weigert die Taufe zu empfangen. Orendel und Bride kehren nach Ackers zurück.

Der Oswald entlehnt einige Züge der Salomosage. Im Wiener Oswald v. 785 fg. (s. Z. f. d. A. II, 112), cf. v. 1169 rät der Rabe bei der Entführung der Spange, eine Flotte mit kostbaren Sachen auszurüsten und sich im feindlichen Land als Kaufleute auszugeben. Das Motiv fehlt in dem längeren Oswald (Ettmüller), der aber das Versteckmotiv nachahmt. Als der König nach langer Seefahrt die Burg des Aron, dessen Tochter Pamige er erwerben will, erreicht, giebt ihm ein alter Dienstmann den Rat, das Heer unbemerkt an einem Anger zwischen zwei hohlen Bergen zu landen, wie es auch geschieht (v. 1605 fg.).[1)]

Es ist sowohl ein Zeichen der poetischen Kraft wie der Verbreitung der Salomosage, dass die wesentlichsten Züge der Wiedererwerbung einer entführten Frau auch auf andere Stoffe übertragen werden. Im Wolfdietrich ist der jugendliche Held nach dem Tode seines Vaters unter dem Vorwand der unehelichen Geburt von seinen Brüdern Wachsmut und Bouge aus dem Lande gestossen und seines Erbteiles beraubt worden. Herangewachsen unternimmt er mit seinem Erzieher und Berater

---

[1)] Einen bei weitem grösseren Einfluss als die uns beschäftigende Salomosage hat eine andere derselben Gruppe, die besonders den Raben als Liebesboten betrifft, auf den Oswald geübt, s. Singer, Z. f. d. A. 35, 177. Dahin gehört wahrscheinlich auch der *vogel* oder geistlich umgedeutet der *gotes engel* (Gudrun 1166), der der Heldin die Ankunft ihres Verlobten anzeigt. Nachdem die Einwirkung der Salomosage auf die Gudrun erwiesen ist, liegt die Deutung des geflügelten Boten als eines Raben näher als die eines Schwanes, welche Martin in seiner Ausgabe vorgeschlagen hat, und die auch Sauer auf Grund einer indischen Parallele vertreten hat (s. Mahabhárata und Wate p. 62 Progr. Stuttgart 1893).

Berchtung einen Rachezug gegen die Brüder, aber in einer Schlacht wird sein Heer geschlagen und von den sechzehn Söhnen Berchtungs fallen sechs. Dieser Sagenkern erfährt in Wolfdietrich A Avent. VIII eine einfache und knappe Darstellung, in B 270 fg. wird er durch Hinzufügung von Motiven der Salomosage ausgeschmückt (im folgenden kurz als Wolfdietr. I bezeichnet). Das von dem vertriebenen Helden versammelte Heer fährt von Meran über See nach Constantinopel. Man landet unbemerkt auf einem Anger. Berchtung verkündet seinen Mannen, dass er mit Wolfdietrich allein auf die Burg gehen will, während sie an der Landungsstelle zurückbleiben sollen; wenn sie aber seine Stimme vernehmen, sollen sie zur Hülfe herbeieilen. Auf der Burg wird Berchtung von Wachsmut und Bouge freundlich empfangen, Wolfdietrich nicht beachtet. Beide fordern die vorenthaltene Erbschaft, werden jedoch schroff abgewiesen. Als Bouge sich sogar an den alten Berchtung vergreifen will, verkündet Wolfdietrich, jeden, der seinen Meister angreift, niederzustrecken. Alle wappnen sich darauf. Berchtung gebietet Wolfdietrich die Thür zu hüten und jeden Herausgehenden zu töten. Berchtung tritt ins Freie und bläst ein goldenes Horn, worauf die Mannen schnell heranrücken. Trotzdem hat der nun entstehende allgemeine Kampf den durch die deutsche Sage gegebenen tragischen Ausgang.

Im Verlauf der Dichtung wird Wolfdietrich seinen Mannen durch die rauhe Else entführt, während Berchtung mit seinen überlebenden Söhnen in die Gefangenschaft Bouges und Wachsmuts gerät. Die Befreiung seiner elf Dienstmannen ist nun das letzte Ziel aller Thaten Wolfdietrichs. Abgesehen von der kurzen, nicht in Betracht kommenden Schilderung in A (Dresdener Hs.) 308—314, 322—325, wird diese in B 870 fg. dargestellt, wozu D IX 35 fg. seinem compilatorischen Charakter gemäss neue Erweiterungen bietet. Die hier vorliegende Nachahmung der Salomosage sei als Wolfd. II bezeichnet. Entschluss zur Unternehmung, Ausrüstung und Abfahrt werden zuerst vorgeführt. Nach der Landung wird Wolfdietrichs Heer in einem Wald vor Konstantinopel verborgen (B), eine Meile von der Stadt entfernt und zwar auf den Rat des Grafen Hartmann (D). Wolfdietrich verkündet in B 872 seinen Mannen, dass er, ein Pilgergewand über den Harnisch, allein auf die Burg gehen will; wenn sie sein kleines Horn hören werden, sei er in Not und ihrer Hülfe bedürftig. In D wird diese List erst wieder vom Grafen Hartmann vorgeschlagen und Wolfdietrich unternimmt die gefährliche Botschaft in Begleitung von zwölf Mannen. Der Gang auf die Burg ist mit anderweitig entlehnten Zügen ausgestattet. Unter der Burgmauer verborgen, vernimmt der Held die Klagen seiner Dienstmannen, die in Ketten auf der Mauer gehen (ähnlich ist die Situation, wie Wolfdietrich unterhalb des Turmes, in dem die Witwe Otnits gefangen sitzt, versteckt, Zeuge ihrer Klagen wird D VII, 12 fg.). In D hört er auch, wie Herbrand seinen Brüdern einen die kommenden Ereignisse andeutenden Traum erzählt (Str. 57). Wolfdietr. bittet zuerst als Pilger um Speise und giebt sich darauf zu erkennen. Auf sein Gebet lösen sich die Fesseln der Gefangenen, die sich von der Mauer zu ihm herablassen. Als am andern Morgen die Flucht entdeckt wird, kommt es zum Kampf, und da dieser lange unentschieden bleibt, stösst Wolfdietrich ins Horn (922_4 B; D IX, 95), worauf die Mannen eingreifen. Hage und Bouge werden gefangen genommen und Wolfdietr. wieder Herr seines Landes. In beiden Nachahmungen ist das Verstecken des Heeres, der Gang des Helden auf die Burg (in II als Pilger) und das Herbeiholen des Heeres durch den Hornruf der Salomosage entlehnt.

Fassen wir die verschiedenen Ueberlieferungen und Nachahmungen der Salomosage zusammen, so ergiebt sich in betreff der Entführung Folgendes. In den slavischen Versionen erfolgt sie durch das Krämermotiv, in A—C wird secundär eine Berauschungsscene hinzugefügt, in D tritt die Betäubung durch ein Zaubermittel etwas mehr in den Vordergrund. Die Kaufmannsverkleidung ist den beiden deutschen Fassungen fremd, die Entführung geschieht durch Betäubung, aber in der Form des aus der Romeo-Juliasage bekannten Scheintodmotives. Die deutschen Nachahmungen im Rother, in der Gudrun, im Otnit und Oswald weisen übereinstimmend nur das Krämermotiv auf. Die erhaltene deutsche Tradition der Salomosage kann daher nicht die Quelle der deutschen Nachahmungen gewesen sein, die Vorlage derselben muss vielmehr eine vorauszusetzende Fassung x sein, die mit derjenigen der russischen Volkslieder übereinstimmte. Die slavische und deutsche Fassung gehen unabhängig auf eine gemeinsame byzantinische Redaktion zurück, der bereits Vogt bei dem Versuch einer Reconstruktion (Eltg. L VII) das Betäubungsmotiv zugeschrieben hat. Da nun den russischen Bylinen und der deutschen Fassung x das Krämermotiv gemeinsam ist, können wir annehmen, dass es schon in der byzantinischen Form enthalten war. So könnte man vielleicht in der letzteren zwei Varianten der Salomosage annehmen, in deren einer das Krämermotiv, und in deren anderer das Scheintodmotiv überwog.

Bei der Wiedererwerbung der Entführten bedarf es einer Zusammenstellung der einzelnen Motive. Im Vergleich zu der slavischen Tradition zeigen alle deutschen Fassungen das Bestreben, dem Helden durch Beigabe ständiger Berater die Entschlossenheit und Thatkraft zu nehmen, die ihm ursprünglich zukam, ein bekanntes Kriterium der jüngeren Spielmannspoesie. In den russischen Volksliedern ist Salomon sofort auf die Kunde von der Entführung zu einem Kriegszug bereit, die Entführungslist rührt von ihm her und wird von ihm ausgeführt, er selbst stattet das zurückgelassene Heer mit den nötigen Weisungen aus, er geht allein auf die Burg des Gegners. Dagegen hat bereits der S.-M. in Morolf einen treuen Ratgeber, dieselbe Rolle spielt Berchter, zuweilen auch Luppolt, im Roth., Wate in der Gudr., Berchtung im Wolfdietr. und Ise im Orend. Im 1. und 2. S.-M. giebt Morolf die Idee der Entführung an und erteilt dem Heere die Befehle, Salman geht aber noch allein auf die Burg. Im Rother beschliesst zwar der König selbst auf die Burg zu gehen, aber einer seiner Ritter muss ihm zwei Begleiter Berchter und Luppolt zuerteilen, ein anderer ihm das Horn reichen, und ein dritter ihm die Bedeutung desselben klar machen. In der Gudr. teilt Wate, nicht Herwig, den Mannen den Befreiungsplan mit; im II. Wolfd. zieht der Held allein (in D in Begleitung von 12 Mannen), im I. Wolfd. mit Berchtung zusammen auf die Burg. Auch Orendel unternimmt den Gang mit Ise gemeinsam.

In allen Nachahmungen findet sich die heimliche Landung des Heeres im Gebiet des Gegners. In Byline C wird das Heer in einem Hain versteckt, übereinstimmend mit dem 1. S.-M. wo es in einem Wald, und dem 2. S.-M., wo es in einem Tannenwald verborgen wird; in Byline B wird der Versteck als drei Stadien von der Stadt entfernt angegeben. Der Hinterhalt ist in der Gud., wie in C und 1. und 2. S.-M. ein Wald, nach 1143₄ ein *tan* mit einem Hügel, im II. Wolfdietr. ist es ein kräftiger Wald vor Constantinopel (B 870). Der Rother nähert sich mit der Angabe des Verstecks *eine mîle niderhalf der stat, dâr holz und geberge lach*, auch der Byline B. Diejenige Gruppe der Nachahmungen, die dem Einfluss der Sage am wenigsten ausgesetzt war, zeigt eine aus den Bylinen nicht belegte Variation: im Oswald wird das Heer in einem Anger zwischen zwei hohen Bergen, im Otn. *bî einer wisen grüene, dâ weiz ich einen bach*, im I. Wolfd. auf einem grünen Anger zurückgelassen. Damit verwandt ist die Angabe des Or., wonach das Heer *an eines rôres slag* verborgen wird. Der II. Wolfd. D IX, 35 compiliert, die Landung erfolgt *ein mîlen von der stat ... bî dem gebirge*, bei dem Gebirge ist ausserdem ein Tannenwald und ein Anger.

In Byline B unternimmt Salomo als Hirt, in A und D sowie im 1. und 2. S.-M. als Pilger verkleidet, den Gang auf die Burg. Die deutschen Bearbeitungen nehmen alle die Pilgerverkleidung herüber, diese fehlt nur in der Gud. und Wolfd. I. Salman legt im 2. S.-M. unter dem Pilgergewand eine Rüstung an und versieht sich mit einem Stossdegen, auch Orendel und Ise nehmen Schwerter mit, und Wolfdietrich hat einen Harnisch untergezogen (in II). Wie hier Salomo, so kommt auch in der Gruppe der Heimkehrsagen der zurückkehrende Gemahl in entstelltem Anzug zu seiner Gemahlin, in der Sage Huberts von Calw als Hirt, in der vom Möringer und Heinrich dem Löwen auch als Pilger. Der meistens unfreundliche Empfang, den Salomos Gattin dem Gemahl bereitet, konnte in die Nachahmungen nicht herübergenommen werden, da ja Constantins Tochter, Gudrun und Bride gegen ihren Willen entführt waren und ihrem Manne die Treue bewahrt hatten. In den Bylinen wird Salomo in einem Koffer versteckt, um ihn den Augen seines Nebenbuhlers zu entziehen, im 2. S.-M. wird Salman hinter einen Teppich geführt, aus dem er zornig hervortritt, als er von der treulosen Gattin an Fore verraten wird (auf die verwandte Scene der slavischen Waltbariussage hat Vogt p. LXIX aufmerksam gemacht). Es ist zweifelhaft, ob die Situation des Rother, wonach der Held im Hochzeitssaal sich unter einem Tisch verbirgt und erst im Augenblick der Gefahr daraus hervortritt, in den Kreis jener Traditionen gehört. Aus der russischen Version D und einer portugiesischen Nachahmung der Salomosage, der Erzählung von Ramiro und seiner von Abencadão geraubten Gemahlin (s. Wesselofsky a. a. O. VI, 397) ist zu entnehmen, dass sich Salomo durch einen Trauring seiner Gattin zu erkennen giebt; hiernach trifft Salomo an einem Brunnen ein Mädchen, wirft ihr seinen Ring in den Becher, und als diese ihn ihrer Herrin, Salomos Gattin, übergiebt, erkennt sie den Trauring ihres Gemahls darin. Der S.-M. kennt diese Scene nicht (doch vergl. 597 ff.), wohl aber haben der Rother und die Gudr. Anklänge daran erhalten, ersterer steckt heimlich seiner Gemahlin einen Ring mit seinem Namen an den Finger, woran sie ihn erkennt; Herwig trifft Gudrun am Meeresgestade und beide erkennen sich an ihren Brautringen, der Becher als Uebermittler des Ringes fehlt in beiden Gedichten. Diese Art der Wiedererkennung kommt auch in Heimkehrsagen vor, so im Möringer und Heinrich dem Löwen, ähnlich auch Wolfdietr. A (Dresd. Hs.) 302 fg., B 771. Da die Berührungspunkte dieser Sagengruppe und der Salomosage unbestimmter Natur sind und das Ringmotiv auch in letzterer erscheint, so liegt es wohl näher anzunehmen, dass der Rother und die Gudrun die Erkennungsscene nicht aus den Heimkehrsagen, sondern aus einer Fassung der Salomosage entlehnt haben, die mit der russisch-portugiesischen übereinstimmte.

Zweifelhaft ist der Ursprung des einigen Nachahmungen gemeinsamen Traumes. Die russische und deutsche Ueberlieferung weist zwar auch böse Träume auf; in Byline C träumt die Kaiserin von einem Fingerring und ein anderes Mal von einem Schwan, im 2. S.-M. träumt Salme, dass ihr zwei Falken auf die Hand geflogen sind und schliesst daraus auffallender Weise auf die Geburt eines Erben. Anderer Art sind die Träume der Nachahmungen, die unter sich ähnlich sind. Dem Constantin träumt, wie ein Falke (sc. Rother) übers Meer kommt und ihm seine Tochter entführt (v. 3852), dem Minolt träumt, wie ein Adler und ein Rabe (sc. Orendel und Ise) übers Meer kommen und seine Burg zerstören (Or. 3540), im Wolfdietr. II (D) träumt Herbrant, wie ein Adler (sc. Wolfdietrich) heranfliegt, ihn und seine Brüder schützt, Hage und Bouge aber tötet. Man vergleiche auch den Traum Kriemhildens, in dem sie einen Falken (Siegfried) aufzieht, der ihr von zwei Adlern (sc. Gunther und Hagen) zerkratzt wird. Es bleibe dahingestellt, ob die Träume des Roth., Or. und Wolfdietrich als variierte Ableitungen aus dem Traum des Nibl. aufgefasst werden können, wie Vollmöller anzunehmen scheint (s. Kürenberg und die Nibelungen 1874 p. 18). Für den Orendel hat E. H. Meyer (Z. f. d. A. 37,348) Entstehung des Traums aus einem historischen Ereignis angenommen. Doch ziehe ich wegen der allgemeinen Aehnlichkeit dieses Traumes mit den übrigen angeführten eine sagengeschichtliche Erklärung vor. Wie verbreitet Träume vom Falken und Adler auch in der afrz. Literatur sind, ersieht man aus R. Mentz, die Träume in den afrz. Karls- und Artusepen, Marburg 1887 p. 62. — Beachtenswert ist, dass im Roth., in der Gud. und im Or. die Anwesenheit des Entführers sofort geahnt wird. In der ersten Dichtung sind es Ymelot und Basilistium (v. 3901 fg.), in der Gud. Gerlint (Str. 1322), im Or. (v. 3563) Minolt, die die unwillkommene Ankunft des Entführers bestimmt versichern. — Noch eine andere Situation kehrt in den drei Dichtungen wieder. Der Tochter Constantins soll der Heide Basilistium als Gemahl aufgezwungen werden, aber bis zum Hochzeitstag hat sie sich geweigert zu gehorchen; als sie aber Rothers Ankunft erfahren hat, gleitet ein freudiges Lachen über ihre Züge (3882), das als Einwilligung zu der geplanten Vermählung aufgefasst wird, sie selbst giebt vor, über ihre frühere Widersetzlichkeit Reue zu empfinden. Als Minolt die geraubte Bride Orendel und Ise gegenüberstellt, winkt sie ihnen verständnisvoll zu; während sie bisher Minolts Werbung schroff abgelehnt hat, will sie ihn jetzt zum Gemahl nehmen. Auch Gudrun ist im Bewusstsein der nahenden Rettung bereit, sich mit dem früher abgewiesenen Hartmut zu vermählen (Str. 1285) und lacht heimlich über ihre klagenden Genossen (1318₄, 1320₁, 1362₄). Die aufgezwungene Heirat, die bestimmte Weigerung der Frau, sich ihr zu fügen und die plötzliche, fingierte Bereitwilligkeit in der Hoffnung baldiger Befreiung, auch das Lächeln der Freude, das alles weist auf eine den drei Dichtungen gemeinsame Quelle hin. Aus den bekannten Fassungen der Salomosagen sind diese Motive bisher nicht befriedigend zu erklären. Nach Arch. f. slav. Phil. I, 113 scheint ein russisches Volkslied von Solovej (d. h. Salomon)-Budimirovič verwandten Inhalts zu sein, es handelt auch von der Heimkehr des Verlobten am Hochzeitstage der Braut mit einem Rivalen.

Es folgt die Entdeckung und Gefangennahme Salomos, nachgeahmt im Roth. Nur diese Dichtung hat die Wahl der Todesart durch Salomo selbst, nämlich in der Nähe des Hinterhalts, wie in Byl. B und im 1. und 2. S.-M., beibehalten, nur hier erfolgt die Galgenscene im Sinn der Sage. In den übrigen Nachahmungen beginnt sogleich ein Kampf zwischen dem Helden und den anstürmenden Feinden, dieser führt zur Herbeiholung der verborgenen Genossen vermittelst des Hornrufes, der überall herübergenommen ist. Diese List wird in den meisten Bearbeitungen doppelt zunächst als Plan, dann in der Ausführung geschildert. In Byl. A giebt Salomo auf der ersten Stufe des Galgens das erste Hornsignal, worauf alle Tiere zusammenlaufen und alle Vögel heranfliegen (ähnlich ist die Wirkung von Horants Gesang Gudr. 389, vergl. Martins weitere Belege dazu in der Anm.), beim zweiten Hornstoss erzittern alle Bäume des Waldes und alle Meere erbeben mit grossem Getöse, beim dritten Zeichen sind die Rossmenschen zur Stelle. In Byl. B satteln die Gefährten auf das erste Zeichen ihre Rosse, beim zweiten besteigen sie sie, und beim dritten erscheinen sie am Galgen. Diesen Fassungen steht nun nicht etwa die deutsche Salomosage, sondern die Gudrun am nächsten. Die Dreizahl der Hornstösse ist hier bewahrt, beim ersten eilen die Mannen zu den Fahnen, beim zweiten sitzen sie im Sattel und beim dritten reiten sie ab (Str. 1392 fg.), bei Verkündigung der List ist die Reihenfolge Str. 1350 etwas verschoben. Was die Wirkung des Horns anbetrifft, so bläst Wate beim dritten Mal mit *einer krefte grôz, daz im der wert erwagete und im der wâc erdôz* Str. 1394. Im 1. S.-M. werden die drei Hornstösse in der Ausführung erwähnt, im 2. S.-M. erbittet Salman zwar einen dreimaligen Hornstoss, später werden jedoch nur zwei vorgeführt; beim ersten Signal wird hier bemerkt, dass die Mannen es hören und beim zweiten brechen sie aus dem Walde hervor, der 1. S.-M. kennt einen solchen Hinweis nicht. Im Roth. kommt nur ein einmaliges Blasen vor, das nicht einmal Rother selbst, sondern Luppolt ausführt, ebenso in Wolfdietr. II; in Wolfd. I wird bei der Verabredung nur von Berchtungs Stimme, später aber von seinem Hornblasen gesprochen. Der Orendel hat das Signal durch eine geistlich gehaltene Erzählung von der Taube als Ueberbringerin der Nachricht ersetzt. In Byl. B hat das Horn die Wirkung, dass das, was man hineinbläst, von den Betreffenden gehört wird, so sammelt Salomo sein Heer. Aehnlich lässt im Osw. 2615 fg. der König sein Zauberhorn ertönen, so dass man es im dritten Königreiche vernimmt, seine Mannen ersehen daraus seine bedrängte Lage und eilen herbei. Was schliesslich den Schluss des Gedichtes betrifft, so konnte das Schicksal der Salamanija bei dem veränderten Verhältnis, in dem Bride, Constantins Tochter und Gudrun zu ihrem Gatten stehen, nicht verwandt werden, und so enden diese Dichtungen durchaus versöhnend, nur im Rother erleidet Basilistium den Tod am Galgen. Allerdings konnte sich in der Gudr. und im Orendel der Dichter eine kleine Würgescene nicht entgehen lassen, Wate schlägt der Gerlint und der Hergart, Ise dem greisen Achill und dem König Minolt einfach das Haupt ab. Somit sind aus dem Schema der Wiedergewinnung folgende Motive der Salomosage in fast alle Nachahmungen übergegangen: der Hinterhalt des Heeres, der Gang des Helden auf die Burg, Erkennung durch den Ring und Herbeiholung des Heeres durch den Hornruf, die Galgenscene nur im Roth. Ausserdem haben der Roth., die Gudr. und der Or. einige Scenen, die sich aus den bisher bekannten Versionen der Salomosage nicht ausreichend ableiten lassen, auf die aber durch die Betrachtung der Quellen der Salomosage vielleicht einiges Licht fällt.

Ich glaube, dass der hellenistische Abenteuerroman direkt oder indirekt auf die byzantinische Form der Sage eingewirkt hat. In dem Roman Ἐφεσιακὰ κατὰ Ἀνθίαν καὶ Ἀβροκόμην des Xenophon von Ephesus werden Habrokomes und seine Gattin Anthia durch eine Reihe von Unglücksfällen von einander getrennt. Anthia gerät in der Nähe der cilicischen Küste in die Hände von Räubern, wird aber durch den vornehmen und reichen Perilaus von ihnen befreit. Dieser führt sie nach Tarsus und fordert sie zur Gattin. Sie weigert sich anfangs, willigt aber, um einer Vergewaltigung zu entgehen, anscheinend ein und erbittet einen Aufschub der Hochzeit. Inzwischen ist Habrokomes auf der Suche nach seiner Frau ebenfalls nach Cilicien gekommen. Nachdem die der Anthia gewährte Frist abgelaufen ist, soll ihre Vermählung gefeiert werden; um ihrem Gatten die Treue zu bewahren, nimmt sie am Hochzeitsabend ein Gift, das aber nicht tötet, sondern nur einschläfert. Perilaus lässt sie feierlich in einem Grabgewölbe beisetzen, wo sie erwacht. Aber nachts brechen Räuber ein und führen Anthia zu Schiff nach Alexandrien. Auch Habrokomes hat von Anthias Vermählung und Tod gehört, und als er zum Grab der Gattin geführt werden will, erfährt er ihre nochmalige Entführung (II, 13 bis III, 10). Dieselbe scheint nur eingeführt zu sein, um den Roman noch nicht beendigen zu müssen; der natürliche Abschluss wäre gewesen, dass Habrokomes Anthia aus dem Grabmal befreit und in die Heimat zurückkehrt. In anderer Form begegnet die Entführung einer Scheintoten aus einem Grabgewölbe bei der Callirrhoe, Gattin des Chaereas, in dem Roman des Chariton Aphrodisius (I, 4—9), das Scheintodmotiv ohne Entführung begegnet auch im Apolloniusroman cap. 25 und andeutungsweise bei Jamblichus (cap. 7), es ist jedenfalls ein weit verbreitetes Motiv des griechischen Romans. Die deutsche Fassung der Salomosage stimmt mit der Erzählung des Xenophon Ephesius in dem Scheintod einer Frau, ihrer Bestattung und ihrer Entführung aus dem Grabmal überein. In denselben Punkten berührt sich auch der „Cliges", eine Weiterbildung von Motiven der Salomosage, mit dem Roman, ja in einem Punkt steht er ihm noch näher als der S.-M. (s. Anhang). Da nun der Kern der Salomosage in der Entführung der Gattin Salomos durch eine List besteht — in der russischen Fassung, welche im allgemeinen einen ursprünglicheren Charakter trägt als die deutsche, durch das Krämermotiv, so liegt es nahe anzunehmen, dass die byzantinische Vorlage des S.-M. und des Cliges diese List durch das Scheintodmotiv des griechischen Romans ersetzte. Dann fiel die Rolle der Anthia der Frau Salomos zu, für die Räuber traten der Entführer oder dessen Boten ein, die möglicherweise als anstössig aufgefasste Grabschändung im Roman war dann vermieden. Auch mit den Nachahmungen der Salomosage, dem Roth., Gud., Or. trifft der Roman zusammen, indem er die Rolle des aufgezwungenen Freiers (Perilaus), die Weigerung der ihrem Gatten treuen Frau und ihre spätere, scheinbare Nachgiebigkeit enthält. Es ist demnach möglich, dass die entsprechenden Scenen der deutschen Gedichte in Verbindung mit der Salomosage durch ein byzantinisches Medium gegangen sind, das unter Einwirkung des griechischen Romans stand. [1])

---

[1]) Die angeführte Stelle des Xenophon Ephesius steht auch mit dem Hauptkern der Romeo- und Juliasage in Beziehung. Die erwähnte Scene der scheinbaren Einwilligung Anthias in die verhasste Heirat ist hier ebenfalls nachgebildet, man vergleiche die Erzählungen Luigi da Portos, Bandellos und Masuccios (s. Simrock, Quellen zu Shakespeare[2], I, p. 18, 52, 59, 82) und Shakespeares Drama IV, 2, s. Shakespeare-Jahrbuch XI, 156.

Was nun die Entführung durch das Krämermotiv anbetrifft, so hat Benfey vermutet, dass die in der Gudrun vorliegende Fassung einem orientalischen Märchen, dessen Grundform noch nicht gefunden sei, entstamme und durch das Zwischenglied des russischen Märchens von den sieben Simeonen auf die indische Sammlung Vetâlapancaviṇçati No. 5 zurückgehe.[1]) Für uns unterliegt es keinem Zweifel, dass das erwähnte Motiv seine Quelle in der Salomosage findet, deren russische Ueberlieferung Benfey noch nicht bekannt war. Es fragt sich aber, ob nicht das Krämermotiv der Salomosage in der von Benfey angedeuteten Weise indischen Ursprungs sei. In der angeführten indischen Erzählung handelt es sich um das Zusammenwirken dreier wunderbar begabter Menschen zur Entführung eines Mädchens — von andern uns nicht interessierenden Motiven abgesehen. Das Mädchen wird von einem bösen Geist geraubt, einer der Freier besitzt einen wunderbaren Wagen, vermittelst dessen die beiden andern auch unter Anwendung ihrer wunderbaren Gaben die Geraubte heimbringen. In der mongolischen Bearbeitung der Vetâlapancaviṇçati, genannt Ssiddi-kür, ist es ein hölzerner Garudin (Wundervogel), durch den der begüterte Jüngling seine von einem Chan geraubte Gattin wiedergewinnt. In der persischen Sammlung Tûtî-nâmeh, die den Uebergang der indischen Erzählung in den Occident vermittelt, wird zu diesem Zweck ein Wunderpferd verwandt. In den europäischen Ueberlieferungen, welche nach Benfey gemeinsam auf eine byzantinische Fassung zurückgehen, erfolgt die Entführung zu Schiff, ausserdem durch die Mitwirkung der anderen wunderbar Begabten, so in den Märchen bei Straparola und Basile, bei Grimm No. 129 und der slavischen Nachahmung desselben,[2]) ferner in einem venetianischen Märchen.[3]) Hier liegt zwar eine gewaltsame Entführung zu Schiff vor, aber nicht im Sinne des Krämermotivs der Salomosage, denn die Kaufmannsverkleidung und die Herbeilockung der zu Entführenden auf das Schiff fehlen ganz. Anders in dem russischen Märchen von den sieben Simeonen.[4]) Es ist

---

[1]) S. Benfey, Pantschatantra I, 417 vergl. I, 21 und Benfeys Aufsatz: Das Märchen von den Menschen mit den wunderbaren Eigenschaften, seine Quelle und seine Verbreitung, Ausland 1858 S. 969 fg. wiederabgedruckt in den ›Kleineren Schriften‹ ed A. Bezzenberger II, 94, speciell p. 130.

[2]) S. Benfey, Kl. Schriften II, 112 fg. —

[3]) Köhler im Jahrb. f. rom. und engl. Litt. Bd. VII, 32, in einem dort noch angeführten jüdischen Märchen wird ein Vogel zur Entführung gebraucht.

[4]) S. Benfey a. a. O. p. 128 und Anton Dietrich, Russische Volksmärchen, Leipzig 1831 p. 30. —

sicher, dass es in den Kreis der Vetâlapancaviṅçati gehört und auf eine byzantinische Grundstufe zurückgeht, aber es weicht von den übrigen occidentalischen Versionen nicht unwesentlich ab. Die wunderbar begabten Brüder, deren Zahl auf 7 gestiegen ist, verwenden ihre Künste nicht für sich, sondern stellen sie in den Dienst des russischen Zaren und versprechen ihm, die schöne Helena, um die er lange geworben, zu verschaffen. Einer der Brüder, der Schiffbauer, rüstet ein Schiff aus, fährt ins Land der Prinzessin und lädt sie ein, die kostbare Ladung zu besehen; während sie auf dem Schiff ist, segelt er ab — wie in der Salomosage. Diese Motive werden wir der byzantinischen Tradition des Märchens noch nicht zuschreiben können, denn sie fehlen in den italienischen und deutschen Fassungen und verändern den Grundstock der indischen Version. Vielmehr erscheint es zulässig anzunehmen, dass die erwähnten Abweichungen des Märchens dem Einfluss der russischen Salomosage verdankt werden. So wie hier das Krämermotiv auf eine europäische Redaktion des Märchens von den wunderbar begabten Menschen eingewirkt hat, so ist es auch in den Märchencyclus vom „treuen Diener" (s. Benfey, Pantschatantra I, 414 fg.) eingedrungen, es findet sich ebenfalls nur in den occidentalen Ueberlieferungen bei Basile, Pentamerone II No. 39 (übersetzt von Liebknecht p. 119) und bei Grimm K.H.M. No. 6; in der letzteren Version trifft der Entführer, ähnlich wie Salomon, am Brunnen mit einem Mädchen zusammen, die ihn zur Königstochter führt. Es kann also für das Krämermotiv der Salomosage auf diesem Wege indischer Ursprung nicht erwiesen werden, und wir werden es für ein dieser Sage eigentümliches und ursprüngliches Motiv halten können.

… — 64 —

Anhang.

Eine französische Fassung der bisher behandelten Sage von Salomo ist nicht bekannt. Dass aber der Stoff in Frankreich weit verbreitet war, wird zunächst durch eine Reihe von direkten Anspielungen bewiesen, die von W. Foerster in der Einleitung zur grossen Ausgabe des Cliges p. XIX zusammengestellt sind, ferner durch dichterische Nachahmungen einzelner Motive der Sage. Ohne auf Vollzähligkeit Anspruch zu erheben, behandle ich im Folgenden die mir bekannt gewordenen, meistens dem Volksepos angehörenden Nachbildungen der Sage.

Die typische Form der Beratungsscene über die Wahl einer Frau, die zum Teil aus der Salomosage hervorgegangen ist, findet sich im »Aymeri de Narbonne« (Tirade 39 fg.). Nach der Einnahme Narbonnes erhält Aymeri die Kunde vom Tod seines Vaters und seiner Mutter und übernimmt als einziger Erbe die Herrschaft des Vaters, *or li conveniat fame*. Daher raten ihm *li petit et li grant*, die *baron chevalier* (1468) mit Rücksicht auf die Thronfolge eine Frau zu nehmen. Doch Aymeri weiss keine passende, und wenn er keine liebenswürdige, kluge und standesgemässe *(de parage grant)* finden kann, will er lieber verzichten, und er findet in der That keine ebenbürtige, weder in Jsle de France noch in Berri, selbst nicht bis Rom hin. Da schlägt ihm der ehrwürdige Hugues de Bargelone eine Jungfrau vor — eine schönere hat er nie gesehen, aber sie wohnt weit von hier — Ermenjart von Pavia, Tochter des verstorbenen Königs Desiier, jetzt unter der Obhut ihres Bruders Boniface. Schnell entschlossen will Aymeri sie mit Gewalt entführen, aber der kluge Hugues rät ihm zunächst eine Gesandtschaft zu senden, die Mannen werden durch Boten herbeigeholt und Aymeri thut ihnen seinen Willen kund. Eine Schwierigkeit stellt sich dem Plan entgegen, da Ermenjart bereits viele Freier abgewiesen hat, aber die Mannen entscheiden sich für die Botensendung. Schliesslich wird die Umworbene Aymeri versprochen, und dieser holt sie selbst von Pavia in sein Reich. In der »Berte as grans pies« v. 100 fg. will sich Pipin vermählen, er versammelt seine Barone, die ihm zu einer Frau raten sollen. Diese können nirgends eine passende finden, bis Engerrans de Montcler auf die Tochter des Königs von Ungarn, Namens Berta, hinweist. Eine schönere giebt es weder *deca ne dela mer.* Pipin ist bereit sie zu erwerben und rüstet eine Gesandtschaft aus, die durch Deutschland nach Ungarn zieht und die Einwilligung der Eltern der Auserwählten erlangt. Die Gesandten führen Berta darauf selbst nach Paris zum König. Die ursprünglich volkstümliche Beratungsscene ist von Chrestien de Troyes im Cliges (v. 2631 fg.), der auch sonst Einfluss der Salomosage zeigt, in den Styl der höfischen Kunstpoesie umgearbeitet worden, hat aber dabei an Inhalt verloren. Obwohl Alis, Kaiser von Konstantinopel, seinem Bruder das Versprechen gegeben hat, sich nicht zu vermählen, wird er von den Grossen seines Reiches bestürmt, eine Frau zu nehmen. Dem Drängen der Barone nachgebend, fordert er eine schöne, kluge, reiche und adelige Dame. Die Ritter schlagen die Tochter des deutschen Kaisers, Fenice, vor — eine schönere giebt es in der ganzen Christenheit nicht. Eine Gesandtschaft wird nach Regensburg an den Hof des Kaisers gesandt und erhält dessen Zustimmung, wenn Alis die schon früher dem Herzog von Sachsen versprochene Braut diesem im Kampfe abgewinnen wolle. Nach Besiegung des Herzogs durch Cliges findet die Vermählung in Köln statt. Diese drei Fassungen zeigen folgende gemeinsame Züge: der Held ist selbst zur Heirat entschlossen und fragt seine Mannen um Rat (Berte), die Lehnsherren raten dem Herrscher zur Ehe (Aym. und Clig.), mit Hinweis auf die Erbfolge (Aym.). Die zu erwerbende Braut muss ebenbürtig sein (Aym., Clig.). Die Vasallen wissen anfangs keine passende zu nennen (Berte), der Held selbst kann keine würdige finden (Aym.). Schliesslich bringt einer der Mannen eine Geziemende in Vorschlag (Aym., Berte), fehlt Clig. Ihre Schönheit wird stets gelobt. Ein Hindernis liegt in der Abweisung früherer Freier (Aym.). In den drei Dichtungen wird eine Gesandtschaft geschickt, diese führt die Braut heim (Berte), der Held holt die Braut selbst (Aym., Clig.). Wie in den deutschen Dichtungen mit Ausschluss des S.-M. handelt es sich in diesen französischen Beratungsscenen um die Erwerbung einer Jungfrau, in beiden findet die Beratung in einer Versammlung der Vasallen statt, in den russischen Bylinen aber beim Schmaus. Die Salomosage ist auch hier mit der oben erwähnten zweiten Quelle dieser Situation, dem Apolloniusroman, vermischt, was im Aym. durch Abweisung der Freier hervortritt.

Die Entführung der Frau Salomos ist im Cliges des Chrestien de Troyes nachgebildet. Der Held entbrennt in Liebe zu Fenice, der Gemahlin seines Oheims Alis, Königs von Konstantinopel. Sie erwiedert seine Neigung und beide beschliessen durch List zu entfliehen. Fenice will sich krank stellen und sich als tot begraben lassen, worauf sie Cliges aus dem Sarge befreien soll (v. 5333 fg., 5436 fg.). Fenice ist des Beistandes ihrer früheren Amme, der klugen Thessala, sicher, die einen Trank bereiten soll, der ihr ein todesähnliches Aussehen giebt (5450 fg.). Cliges lässt durch seinen Sklaven Jehan einen passenden Sarg machen, und Jehan bietet seinem Herrn einen unterirdischen Zauberturm als Aufenthalt für Fenice an. Als der Held von der Besichtigung des Wunderbaues zurückkehrt, erfährt er schon aus dem Munde der Leute die plötzliche Erkrankung der Königin. Die Aerzte erklären sie auf Grund einer Harnprobe für totkrank, Thessala giebt ihr den Gifttrank, sie erstarrt (5770 fg.). Allgemeine Klage erhebt sich. Zufällig kommen drei Aerzte aus Salerno in die Stadt; nachdem sie die auffallende Krankheitsgeschichte der Königin vernommen haben, erinnern sie sich des Königs Salomo, den seine Frau betrogen habe, indem sie sich tot stellte (5876 fg.) — hier zeigt Chrestien Kenntnis der reinen Salomosage, als sie noch nicht, sei es von ihm selbst oder schon in seiner Vorlage, auf Cliges übertragen war. Die Aerzte gehen an den Hof, der erste von ihnen tritt sofort an die Bahre, befühlt die Tote und bemerkt, dass sie atmet und erbietet sich beim Kaiser, sie ins Leben zurückzurufen. Nach Entfernung aller Anwesenden drohen die Aerzte der Scheintoten, schlagen sie mit Riemen und giessen ihr geschmolzenes Blei in die Hand (5996), aber vergeblich. Als sie sie schliesslich im Feuer braten wollen, stürzen die draussen wartenden Frauen herein und befreien sie aus den Händen der Aerzte. Der Kaiser bestellt bei Jehan einen Sarg, den dieser nach Cliges Verabredung schon bereit hält, Fenice wird hineingelegt und feierlich in der Peterskirche beigesetzt. 30 Ritter übernehmen die Nachtwache, schlafen jedoch bald ein, nun eilen Cliges und Jehan auf den Kirchhof, öffnen das Thor, Cliges nimmt Fenice aus dem Grab und trägt sie in den Wunderturm Jehans. Hier erwacht sie und beide geniessen über ein Jahr ihr Liebesglück. Später werden sie entdeckt und müssen an den Hof des Königs Artus fliehen, nach dem Tode Alis' kehren sie nach Konstantinopel zurück und werden gekrönt. Hier sei gleich die etwas ausführlichere Anspielung auf die Salomosage im Elie de Saint Gilles v. 1793 erwähnt, wonach Salomos Frau entführt wird, nachdem sie sich vier Tage lang scheintot gestellt hat (im 2. S.-M. erfolgt die Entführung am dritten Tage nach der Betäubung). Die Entführung der Frau geschieht im Cliges ausschliesslich durch das Betäubungsmotiv. Die Vorlage des Chrestien hat demnach in ihren Grundzügen eine Form gehabt, die sich der deutschen Salomosage, nicht der russischen, anschloss. Die Thatsache, dass das Motiv des Scheintods sich unabhängig in der deutschen Salomosage und in einer französischen Uebertragung in einer gewissen Vollständigkeit erhalten hat, kann als Beweis dafür gelten, dass das Motiv schon in der byzantinischen Tradition ein völlig selbständiges war im Verhältnis zum Krämermotiv. Wie in der Ursage handelt es sich im Cliges um die Entführung einer bereits vermählten Frau, und in Uebereinstimmung mit den Versionen E und F und dem 1. und 2. S.-M. herrscht zwischen ihr und dem Entführer Einverständnis. Der Raub durch Boten ist zwar nicht nachgeahmt, aber dem Helden steht bei der Entführung sein treuer Diener Johann zur Seite. Wie im 1. S.-M. stellt sich Fenice krank. Für das Zauberkraut der beiden deutschen Dichtungen hat Chrestien einen Giftbecher. Wie Morolf den Betrug sofort ahnt, so hier die Aerzte, diese giessen der Scheintoten geschmolzenes Blei durch die Hand wie Morolf im 1. S.-M. (im 2. S.-M. ist es Gold), aber man glaubt weder den Aerzten noch Morolf, dieser muss den Hof Salomos meiden, jene werden zum Fenster hinausgeworfen. Die Beerdigung der Königin und ihre Entführung aus dem Grabmal hat die französische Dichtung mit dem 2. S.-M. gemein. Die Berührung mit dem Roman des Xenophon von Ephesus ist im Cliges in einem Punkt noch deutlicher als im deutschen S.-M. Fenice nimmt wie Anthia ein einschläferndes Gift. Vielleicht rührt die Einführung der drei Aerzte im Cliges aus einem andern antiken Roman, dem von Apollonius her. Die Frau des Helden ist hier als vermeintliche Leiche ans Gestade getrieben und wird von einem Arzt Charemon gefunden. Als man sie verbrennen will, entdeckt ein hinzukommender Schüler des Arztes, dass sie noch lebt und ruft sie durch allerhand Experimente ins Leben zurück (cap. 26). Auch im griechischen Apolloniusmärchen stellt ein Arzt Wiederbelebungsversuche an (Hahn I, 279).

Häufiger ist das Schema von der Wiedergewinnung der Entführten nachgeahmt, am reinsten im Bastard de Buillon, worüber ich mich kurz fasse, da Vogt bereits diese Uebertragung Beitr. VIII, 316 behandelt hat. In Tir. 156—199 wird die gewaltsame Entführung der Ludie, Tochter des Sultans von Orbrie, der Verlobten Corsabrins von Mont-Oscur, durch den Bastard von Buillon erzählt. Aber Ludie entflieht zu Corsabrin und der Bastard beschliesst auf die Kunde hiervon, sie ihm wiederabzugewinnen, nun setzt die Salomosage ein (Tir. 200—213). In Begleitung Hugues' de Tabarie zieht er übers Meer und landet heimlich in Mont-Oscur. Auf dem Wege zur Burg trifft er einen Kärrner, der gerade Kohlen ins Schloss bringen will, tötet ihn, legt dessen Kleider an und geht mit geschwärztem Gesicht allein auf die Burg (auch Morolf unternimmt im 2. S. M. einen Gewaltakt, er tötet einen Juden und steckt sich in dessen Haut, um sich unkenntlich zu machen). Der Bastard giebt sich der Ludie, deren Gemahl auf der Falkenbeize abwesend ist, sofort zu erkennen, sie empfängt ihn anscheinend freundlich und bereitet ihm ein Bad, lässt aber heimlich ihren Gemahl herbeirufen und dieser überrascht den Bastard im Bade. Spottend fragt er ihn, was er mit ihm anfangen würde, wenn die Rollen vertauscht wären, worauf der Bastard antwortet, er würde ihn an dem höchsten Baum im Wald aufhängen lassen. Die Schlinge um den Hals, wird er dorthin geführt und erhält die Erlaubnis auf Corsabrins Horn zu blasen, worauf er von Hugues befreit wird. Corsabrin wird getötet, Ludie verbannt. Vogt hat bereits einige nähere Uebereinstimmungen zwischen dieser Dichtung und dem S.-M. nachgewiesen, so die Motivierung des Hornblasens durch das Herbeirufen der Engel und die Rolle des Beraters Hugues-Morolf und sie einer späteren Entwicklungsstufe zugewiesen. Die Kärrnerverkleidung des Bastards und seine Ueberraschung im Bade sind wohl nur dem französischen Dichter zuzuschreiben. Vielleicht ist auch aus der Vorgeschichte dieser Dichtung das Zauberhorn Hugues de Tabarie (Tir. 117—128) der Salomosage nachgebildet. Baudouin, König von Jerusalem, wird auf einem Zuge ins Feenland durch eine Wolke von seinen Genossen getrennt, Hugues findet nach langem Umherirren ein elfenbeinernes Horn, er bläst und die Ritter hören es eine halbe Meile weit, er bläst zum zweiten Male und Baudouin kommt heran, beim dritten Hornstoss erscheinen die Gefährten nacheinander. Das Horn gehört dem König Artus und dieser schenkt es ihm. Wie im Wolfdietrich das S.-M.schema zur Erwerbung eines verloren gegangenen Erbes verwandt wurde, so auch in der Parise la Duchesse, Bei ihrem Gemahl Raimont de St. Gille verleumdet, wird Parise verstossen und gebiert einen Sohn Hugues in der Verbannung. Nachdem dieser herangewachsen ist, will er sein Erbe wiedererlangen, ihm zur Seite stehen die zehn Söhne Clarembauts, des einzigen Ritters, der die Partei der Königin gegen Raimont ergriffen hatte, und Anton, der Sohn Thierrys, in dessen Diensten die vertriebene Parise gewesen war. Clarembaut wird mit seinen Söhnen in Nueve Ferté belagert, Hugues will zu seiner Hülfe. Um nicht gegen den eigenen Vater kämpfen zu müssen, verhandelt Hugues in Vauvenice mit Raimont über den Frieden. Nach Abschluss eines Waffenstillstandes gehen Hugues und Clarembaut auf die Burg (p. 78 fg.) und diese Unternehmung gehört in den Kreis unserer Sage. Clarembaut lässt zunächst seine Mannen in einem Wald Halt machen, verkündet ihnen seine Absicht und befiehlt ihnen zu seiner Hülfe zu eilen, wenn sie sein Horn hören werden. In der Burg angelangt, erklärt Hugues den anwesenden Berenger für einen Verräter, weil auf seine Veranlassung die Herzogin Parise gegen jedes Recht vertrieben sei, dieser widerspricht, es kommt zu scharfem Wortwechsel und Hugues wirft Berenger mit einem Faustschlag zu Boden. Im Handgemenge setzt Clarembaut das Horn an, seine Mannen hören es, satteln und erstürmen Vauvenice. Eine Aussöhnung erfolgt. Die Aehnlichkeit der Wolfdietrichfabel mit der der Parise hat Heinzel, Wiener S. B. 119 (1889) p. 68 hervorgehoben. Auch der hier behandelte Abschnitt der französischen Dichtung stimmt in den Grundzügen mit dem oben erwähnten Wolfdietrich I überein. Die Entwicklung wird so zu denken sein, dass wir einen ursprünglich deutschen Sagenkern (s. Symons, Gr. II, 54) als gemeinsame Quelle der beiden Versionen annehmen, aus der auf französischem Boden die Parise la Duchesse, auf deutschem die lange Reise der Wolfdietrichgedichte entstand. Auf beide Dichtungen wirkte in einer späteren Entwicklungsstufe die Salomosage; ob hierbei die eine Dichtung die gebende, die andere die empfangende war, oder ob beide Dichtungen unabhängig die orientalische Sage nachahmten, dürfte schwer zu entscheiden sein.

Die Verwandtschaft des Huon de Bordeaux mit unserer Sage hat Wilmans Anz. f. d. A. VII, 284 zuerst erwähnt. Abgesehen von dem Horn und dem Ring, die Huon wie Salomon übernatürliche Gewalt verleihen, schimmert in drei Situationen das Wiedererwerbungsschema durch, zunächst bei der Befreiung der Sebile aus den Händen des Riesen Orgueilleux (p. 135 fg.). Trotz der Warnung Oberons geht Huon mit dem Horn und in voller Rüstung auf das Schloss Dunostre, da er sicher ist, dass Oberon ihm zu Hülfe kommen wird, wenn er sein Horn bläst. Seine Genossen bleiben auf einer Wiese zurück (wie im Otn., Osw. und I. Wolfdietr.). Er befreit Sebile, in der er seine Cousine erkennt, überwindet den Riesen und ruft seine Genossen durchs Fenster herbei. Beachtenswert ist auch Huons Auftreten auf der Burg des Königs Gaudisse. Nachdem er die Genossen in Dunostre zurückgelassen hat, zieht er mit dem Horn aus, wird von einem Kobold über das Meer geführt, gelangt in die Burg des Königs und richtet die Botschaft Karls des Grossen aus. Wegen der Tötung des Orgueilleux wird er gefangen genommen und seines Hornes beraubt, er soll sofort gehängt werden, aber man wirft ihn in einen Kerker. Hier besucht ihn nachts die Esclarmonde, die Tochter des Königs, gesteht ihm ihre Liebe und verspricht ihn zu befreien, schliesslich nimmt er das Anerbieten an (p. 174). Nach einem siegreichen Zweikampf mit einem Sarazenen wird Gaudisse durch Oberons Schaaren und durch die inzwischen angekommenen Genossen Huons besiegt und Esclarmonde mitgeführt. Esclarmonde im Kerker Huons erinnert an die Scenen des 2. S.-M., wo Salme den gefangenen Fore bewacht und einen Fluchtversuch verabredet, wie später Fores Schwester mit Salman. Ueber die hier vorliegende Infusion der Raso- und der slavischen Walthariussage ist Vogt, Eltg. LXV und Liebrecht, Germania XXV, 33 zu vergleichen. Schliesslich ist noch die Episode mit dem Spielmann heranzuziehen. Auf Befehl des Sarazenenfürsten Yvorin soll ein Jongleur, weil er den hülflosen Huon ins Land geführt hat, an den Galgen gehängt werden, auf dem Richtplatz legt man ihm die Schlinge um, er ersteigt die Leiter, sieht Huon in der Richtung der bereits eroberten Stadt Anfalerne und ruft ihn zu Hülfe, Huon lässt seine Ritter aufsitzen und befreit den Unglücklichen. Der Hornruf fehlt, wodurch die Situation sehr an Wahrscheinlichkeit verliert. Durch phantastisches Beiwerk überwuchert, kommt die Salomotradition nur spärlich in dieser Dichtung zum Vorschein.

Aehnlich wie diese Dichtung durchziehen die Geste von Fierabras Züge der Salomosage. Der zugleich mit anderen französischen Rittern gefangen genommene Olivier wird vor den Sultan Balan nach Aigremore geführt. Man will ihn an einen Marmorpfeiler binden, um ihn mit glühenden Speeren zu bewerfen, er wird jedoch auf den Rat eines Sarazenen zunächst in den Kerker abgeführt. Die Tochter des Königs, Floripas, tritt zu den Gefangenen, heilt Oliviers Wunden und verspricht Christin zu werden, wenn Gui de Bourgogne ihr Gemahl werde (p. 57 fg.). Roland, Gui und andere Ritter kommen auf die Burg, um die entwendeten Reliquien zurückzufordern, es kommt dabei zum Streit und der Sultan frägt Thierry, einen der französischen Ritter, was er mit ihm (dem Sultan) thun würde, wenn er in seiner Gewalt wäre, worauf Thierry antwortet, er würde ihn vor der Complete hängen lassen, und eben dies Schicksal bestimmt ihm der Sultan (p. 80). Floripas bittet sich die Bewachung der Gefangenen bis zur Urteilsvollstreckung aus, was ihr trotz der Warnung Sortibrants gestattet wird. Unter den neuen Gefangenen findet sie glücklicherweise Gui und verlobt sich mit ihm. Auf ihren Rat bemächtigen sich die Gefangenen der Burg. Die Floripas spielt hier dieselbe Rolle wie die Esclarmonde des Huon und lässt die Einwirkung der Rasosage erkennen. Nun werden die Franzosen in Aigremore von den Sarazenen belagert, bei einem Ausfall wird Gui von ihnen gefangen genommen. Um die Burg wiederzuerlangen, schlägt Sortibrant dem König folgende List vor: man solle für Gui in der Nähe des Burggrabens einen Galgen errichten, das Heer in der Nähe in einem Gehölz verbergen, und wenn dann die Franzosen zur Befreiung ihres Ritters aus der Stadt kommen würden, sie im Rücken angreifen. So geschieht es; die Schlinge um den Hals, wird Gui zur Richtstätte geführt, Roland erblickt ihn von der Burg aus und macht mit den Rittern einen Ausfall. Es gelingt ihnen, Gui vom Galgen zu befreien und die aus dem Walde hervorbrechenden Heiden abzuwehren (s. p. 105 fg.). Man wird diese Schilderung als eine Modification der Galgenscene der Salomosage auffassen können. Schliesslich unternimmt Karl der Grosse selbst einen Zug zur Befreiung seiner Pairs. Um den notwendigen Durchgang bei der Brücke in Mantrible zu erzwingen, schlägt Graf Richard folgende List vor: er wolle sich mit einer kleinen Schaar, die Waffen unter dem Rock verborgen, dem Pförtner als Kaufmann ausgeben, und wenn er die Erlaubnis zur Ueberschreitung der Brücke erzwungen hätte, ein Horn blasen, worauf Karl mit dem versteckt gehaltenen Heer herbeieilen solle. Danach handelt man. Karl verbirgt das Heer in einem Wald, der Pförtner der Brücke, der riesenhafte Agolaffre, der Connétable des Reiches, lässt die Verkleideten über die Brücke, die er sofort hinter ihnen aufzieht. Als er von ihnen fordert, die Mäntel abzunehmen, greifen sie ihn an und töten ihn. Von den Sarazenen bedrängt, lässt Richard die Brücke wieder herunter, bläst das Horn und mit Karls Hülfe wird Mautrible genommen (p. 141 fg.). Das Wiedergewinnungsschema ist hier durch die Kaufmannsverkleidung (an Stelle der Pilgerverkleidung) zur Einnahme der Stadt erweitert, ein auch im Li Charrois de Nymes vorkommendes Motiv. Die drei erwähnten Situationen sind auch in das deutsche Volksbuch von Fierabras übergegangen (ed. Simrock cap. 11, 15 Floripasscene, cap. 21 Guis beabsichtigte Hinrichtung, cap. 25, 26 Einnahme Mautribles).

Schliesslich ist der nur in einer deutschen Uebersetzung aus dem 15. Jahrh. überlieferte Ritterroman von Loher und Maller (franz. Lohier et Mallart) zu erwähnen. Die Uebertragung ist nach der Schlussbemerkung von der Gräfin Elisabeth von Nassau-Saarbrück 1437 nach einer franz. Vorlage angefertigt. Der deutsche Roman wird bei einer Aufzählung von Rittergeschichten in Fischarts Podagr. Trostb.

und in einem Messmemorial des Frankfurter Buchdruckers M. Harder (s. Goedicke, Gr. I, 340) erwähnt. Eine gekürzte und modernisierte Erneuerung hat Fr. Schlegel in den romantischen Sagen und Dichtungen des Mittelalters 1805 gegeben, eine vollständige Simrock (Stuttgart 1868); eine Besprechung des Romans findet sich von G. Paris in der Hist. litt. Bd. 28 p. 239 fg., über ein niederdeutsches Manuscript vergl. Romanische Studien IV, 119. Der deutschen Dichtung liegt ohne Zweifel eine franz. Fassung zu Grunde, von der bisher nichts bekannt geworden ist. Eine Reihe von Motiven des Romans gehört dem franz. Volksepos des 12. und 13. Jahrhunderts an. Bei der Belagerung des von Loher verteidigten Constantinopel durch Pynart wird die Tochter desselben, Synoglar, ihres früheren Bewerbers Helding überdrüssig und verliebt sich in Loher. Auf Synoglars Anstiften fordert Helding Loher zum Kampf, dem Sieger soll Synoglar zufallen; im Kampfe, dem die Königstochter beiwohnt, siegt Loher und entführt die frohlockende Synoglar in die Stadt, wo sie getauft wird (s. Simrock S. 40 ff. Schlegel cap. 11). Dies ist ein Thema, das sich mit Modificationen im einzelnen in der Siège de Barbastre (Malatrie, Libanor, Gérart), im Otheviens (Marsabile, Florens), in den Saisnes des Jean Bodel und dem entsprechenden Abschnitt der Karlamagnussaga (Sibilia, Alkain, Balduin) vorfindet. Bei Simrock S. 62, bei Schlegel cap. 16 spielt Zormarin, als Jongleur verkleidet, vor dem König, dann im Kerker vor dem gefangenen Loher, ihrem Gemahl und giebt sich ihm durch ein Lied zu erkennen, das ist das Motiv aus Aucassin und Nicolete ed. Suchier 38—41, vergl. Beuves de Hanstone in der Hist. litt. XVIII, 701 Anm., das me. Gedicht von Orfeo und das neugriechische Märchen von Apollonius Hahn I, 282. Auf die Sage von Ogier wird Schlegel p. 201, 266, auf den Roman Galien Restoré ibid. p. 267 angespielt, die Verspottung des armen Ritters p. 268 erinnert an den Aioltypus. Die Gestalt des schwachen Königs Ludwigs, das Motiv von der Belagerung Roms durch die Sarazenen, die Zahl der 12 Verräther, das Kriegsgeschrei Montjoie u. a. m. sind beliebte Themata des franz. Volksepos. Das S.-M.-Schema ist bei Simrock p. 30 fg., bei Schlegel cap. 9 nachgeahmt. Es handelt sich um die Befreiung des gefangenen Loher durch Maller. Dieser verkündet seinen Mannen, dass er sich heimlich ins Lager der Feinde schleichen will, während sie sich in einem Busch verbergen und auf ein Hornzeichen zu seiner Hülfe herbeikommen sollen. Nachdem sich Maller durch Bemalung des Gesichts mit Kräutern als Sarazene ausstaffiert hat, dringt er ohne Belästigung bis in das Zelt des Königs Pynart, giebt sich als seinen Neffen aus und fordert ihn zur Rache gegen Loher auf, dessen Mannen angeblich sein Heer vernichtet hätten. Pynart überlässt alle Gefangenen, darunter Loher, der Rache Mallers, dieser tötet einige von ihnen, wird aber, als er sich auch an Loher vergreifen will, von diesem arg gezüchtigt. Als Sühne für diese Beleidigung fordert Maller vom Könige, dass Loher an einem Galgen in der Nähe der Stadt hingerichtet werde. Trotz der Abmahnung eines Sarazenen, der einen Angriff der Christen befürchtet, wird Loher, ein Seil um den Hals, auf die Richtstätte geführt. Während er betet, bläst Maller das Horn, die Mannen reiten heran, Maller giebt sich seinem Herrn zu erkennen, bewaffnet ihn und es gelingt ihnen, in die Stadt zu entfliehen. Die Einnahme einer Burg durch Abgesandte, die sich als Sarazenen ausgeben, findet sich auch im Floovant (p. 37 fg.) bei der Befreiung des Helden durch Richier aus den Händen Galiens und im Gui de Bourgogne bei der Belagerung Luisernes, weniger ausführlich bei der Einnahme Montorgueils, Angories und Maudranes (s. p. 40 fg., 50 fg., 97 fg., 104 fg.). Besondere Verwandtschaft des Loher-Mallerstoffes mit der Fabel des Rother, wie sie Wilmans A. f. d. A. VII, 284 annimmt, habe ich von geringfügigen Anklängen abgesehen (der als Spielmann verkleidete Maller legt sich einmal den Namen Dietrich bei) nicht bemerkt. — Dass auch in den Tristan-Epen Motive aus Salomosagen verarbeitet sind, werde ich in einem besonderen Aufsatze zeigen.

Die Citate altfranzösischer Dichtungen beziehen sich auf folgende Ausgaben: Aiol et Mirabel und Elie de Saint-Gilles ed. W. Foerster; Amis et Amiles und Jourdain de Blaivies ed. K. Hofmann 1882 (2. Aufl.); Aucassin et Nicolete ed. Suchier 1889 (3. Aufl.); Aymeri de Narbonne ed. Demaison 1887; Mort Aymeri de Narbonne ed. Couvraye Du Parc 1884; Bastars de Buillon ed. Scheler 1877; Berte as grans pies ed. Scheler 1874; La Chevalerie Ogier ed. J. Barroi 1842; Li Chevaliers as deus espees ed. W. Foerster; Cliges ed. W. Foerster (Gr. Ausg.); Conquête de Jerusalem ed. Hippeau; Fierabras (afrz.) ed. Kroeber und Servois 1860; Fierabras (prov.) ed. Bekker; Floovant ed. Michelant et Guessard 1859; Gaydon ed. Guessard et St. Luce; Gui de Bourgogne ed. Guessard 1858; Guillaume d'Orange ed. Jonckbloet La Haye 1854 (I. Coronemens Looys, II. Li Charrois de Nymes, III. La Prise d'Orenge, IV. Li covenans Vivien, V. Bataille d'Aliscans); Li moniage Guillaume ed. C. Hofmann; Guillaume d'Angleterre ed. Fr. Michel 1836; Horn ed. Brede-Stengel, Ausg. und Abhandl. Bd. VIII; Huon de Bordeaux ed. Guessard et Grandmaison 1860; Jourd. de Blaivies s. oben Amis et Amiles; Otheviens ed. Vollmöller (Afrz. Bibl. III 1883); Parise la Duchesse ed. Guessard et Larchey 1860; Les Saisnes ed. Fr. Michel 1839.